PAUL WEBSTER

Klassentreffen
Schülerbuch

Klassentreffen by Paul Webster, based on photographs and authentic recordings made by Andrew Entwhistle at the Luisenschule, Essen. Cassettes re-recorded by Cambridge University Press

CAMBRIDGE
UNIVERSITY PRESS

Published by the Press Syndicate of the University of Cambridge
The Pitt Building, Trumpington Street, Cambridge CB2 1RP
40 West 20th Street, New York, NY 10011-4211, USA
10 Stamford Road, Oakleigh, Melbourne 3166, Australia

© Cambridge University Press 1996

First published 1996

Printed in Great Britain at the University Press, Cambridge

A catalogue record for this book is available from the British Library

ISBN 0 521 42698 7

Cover illustration by Lara Harwood
Illustrations by Ralf Zeigermann

Acknowledgements

The publisher would like to thank the staff and students of the Luisenschule, Essen, for their help in the preparation of this material, and Renate Hauptfleisch and Tick Ahearn for additional photographs for the text.

Thanks are due to the following for permission to reproduce from copyright materials:

p16 POP/Rocky, Munich; p22 Popperfoto (1st WW, 2nd WW, Olympics, Berlin Wall, Moon), QA Photos Ltd (Channel Tunnel), Gary M. Prior/Allsport (Graf); p25 Amt für Presse und Öffentlichkeitsarbeit der Stadt Essen; p38 Peter Tarry/Action-Plus (judo), Action-Plus (swimming); p44 Gong Verlag GmbH Munich; p47 Redaktion JUMA Cologne (text); p55 Gong Verlag GmbH Munich; pp59–60 Essener Verkehrs-Aktiengesellschaft; p69 FCB Hamburg GmbH; pp74–6 (background) The Walt Disney Company (Germany) GmbH (from Die besten Geschichten mit Donald Duck, Klassik-Album 4, pp. 3, 31); pp.83–5 Amt für Presse und Öffentlichkeitsarbeit der Stadt Essen (map, Münsterkirche, Gruga, Alte Synagoge, Baldeneysee, Kettwig, Werden, Madonna); pp. 90–1 Werbe- und Verkehrsamt der Stadt Essen; p.99 Redaktion JUMA (text), Chris Rügge (photo); pp.108–9 Redaktion JUMA (text).

Every effort has been made to reach copyright holders. The publishers would be glad to hear from anyone whose rights they have unknowingly infringed.

Inhalt

Einleitung

What you will learn

Kapitel 1 Die 8b

- meet the members of class 8b
- learn how to say your name and age in German
- learn how to ask others for this information
- learn the numbers 1–25
- *learn about nicknames*
- *learn how to say who sits where in the class*

Kapitel 2 Die Schule

- find out about the school of class 8b
- get to know the names of things in the classroom
- get to know the names of school equipment
- *learn how to compare things*
- *find out how to buy things with German money*

Kapitel 3 Meine Familie

- learn to talk about other members of your family
- learn to say numbers up to 1000 and telephone numbers
- learn how to say when you were born and when your birthday is
- get to know how to spell using the German alphabet
- *learn to talk about where people live*
- *learn to talk about people's jobs*

Kapitel 4 Der Unterricht

- learn to talk about the school timetable
- learn to talk about your school day
- learn to talk about the subjects you do
- give opinions about school
- get to know the days of the week
- learn how to tell the time in German
- *find out about the German school system*

Kapitel 5 Freizeit

- learn to talk about your hobbies and sports
- learn how to say when and where you do these things
- *find out how to talk about pets*
- *learn how to talk about preferences*

Kapitel 6 Alltag

- learn to talk about your daily life at home
- learn to talk about helping in the home
- find out more about telling the time
- *find out about public transport in Essen*

Kapitel 7 Essen und Trinken

- learn to talk about what you have for breakfast
- find out about German breakfasts
- learn what to say at the meal table in Germany
- find out about snacks at school
- *find out what alcohol class 8b have drunk*
- *learn about going to a snack-bar in Germany*

Kapitel 8 Geld

- learn how to talk about your money and what you do with it
- learn how to say you are saving up for things
- learn how to talk about spare-time jobs
- learn how to talk about shopping

Kapitel 9 Wohnen

- find out about Essen and its districts
- learn how to talk about where you live
- learn how to talk about your home
- learn how to talk about your own room
- *understand some directions to the 8b's homes*
- *read some tourist information on Essen*

Kapitel 10 Kleidung und Musik

- learn how to talk about clothes
- get to know the colours
- learn how to describe clothes
- learn to talk about music – likes and dislikes
- *find out something about pop bands*

Kapitel 11 Die Schule und andere Probleme

- learn how to talk about problems, especially school problems
- find out about school reports and good or bad marks
- learn how to talk about your homework
- learn how to talk about what happened in the past
- *find out more about the Luisenschule*

Kapitel 12 Tschüs!

- find out about the 8b's exchange with France
- discover another way of talking about the past
- find out more about saying your likes and dislikes
- *do some games and quizzes*

How you will learn German

In this course, real German pupils from a German school will teach you how to speak and understand German – the authentic language, the way people of your own age use it. The book and tapes are based on material gathered from class 8b at the Luisenschule in Essen. These pupils will be your models. They will demonstrate the German you need to know and you will be able to imitate and adapt what they say in order to talk about yourselves. As you go along, you will also find out a lot about what it is like to be a young person at a German school. You will be able to compare their lives with your own.

Das Dossier

You will need a special file or exercise book (consult your teacher on this) as your own personal dossier. As you work through the course and learn how to talk about yourself, your school, your family and other aspects of your life, you will keep a personal record of all this in your dossier. This will help you to express yourself in German. It will also be a handy reference and revision guide. Take pride in it – by the end of the course you should have an attractive record of what you have learnt.

The homework tape

As well as the tapes used in class, there is a special tape available for you to use at home. This contains extra material, such as additional interviews with members of class 8b. At home, you can listen to the recordings as often as you like. If you find any particular bits difficult, you can listen to them several times until you work them out. This way, you should become expert in understanding real-life spoken German and also learn how to use it yourself.

Symbols used in the book

1	cassette		dossier
	homework cassette		pairwork
4,1 1	worksheet		look up (words)

Hilfe!

wie sagt man „desk" auf deutsch?	how do you say 'desk' in German?
wie heißt das auf deutsch?	what is this called in German?
was heißt das?	what does this mean?
ich verstehe nicht	I don't understand
wie bitte?	pardon?
wie schreibt man das?	how do you spell it?

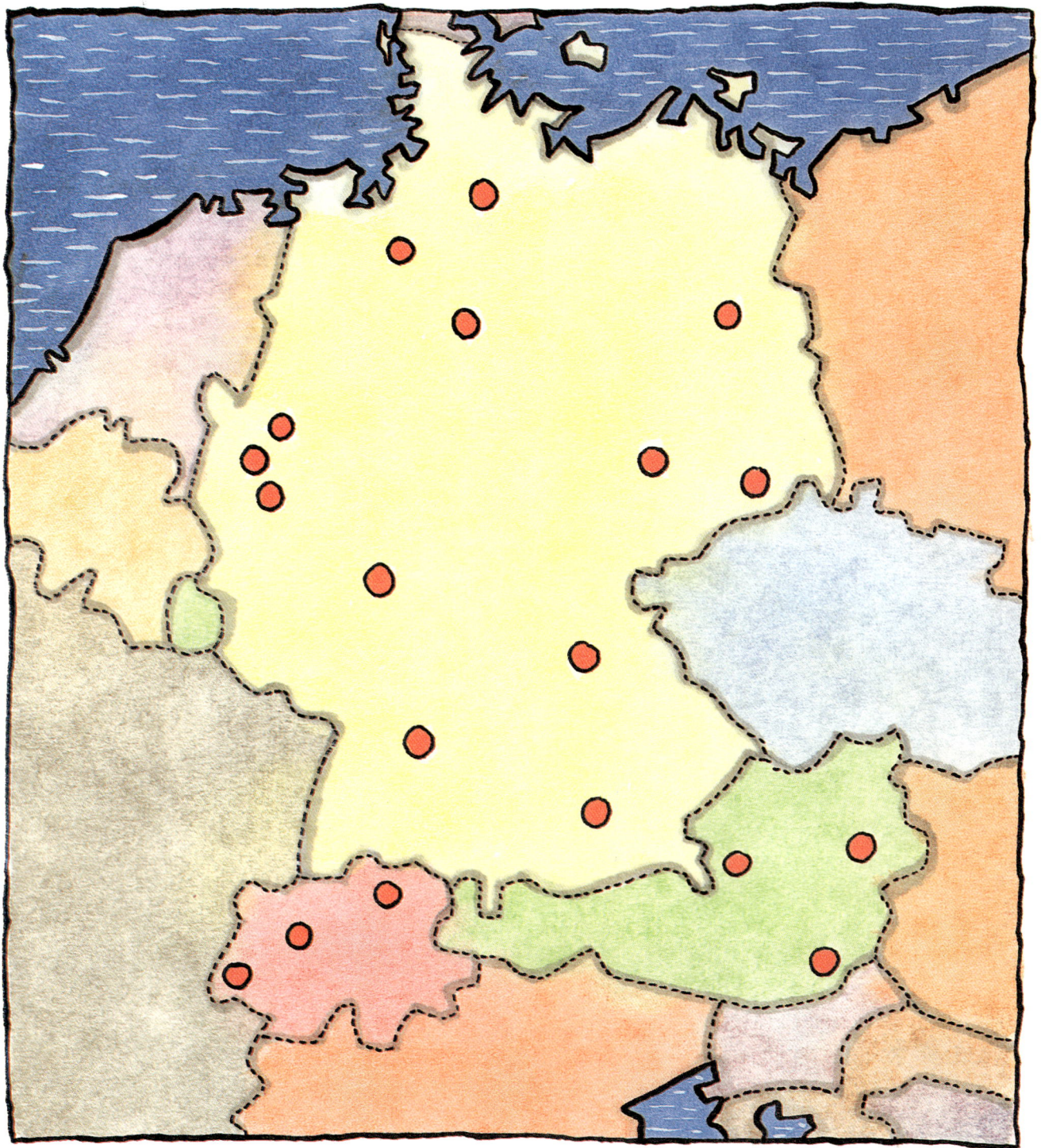

Deutsch und Deutschland

Do some research to find out the answers to these questions:

1 Which countries are shown on this map?
2 In which of them is German spoken?
3 Switzerland is a special case. Why?

4 How many people live in these German speaking countries?
5 Make a list of the cities marked on the map.
6 Notice the location of Essen, where Klasse 8b go to school. How far is it from where you live?
7 What else can you find out about the German speaking countries?

Die 8b

WER IST DAS? 1

Das ist die Klasse 8b in Raum 19.

Das ist die Luisenschule, Essen.

Das ist Pernille Lueken.

Das ist Ingo Schröther.

Das ist Stefanie Sonntag.

Das ist Andreas Lehnert.

Das ist Akiko Kato.

Wer ist das?

Das ist...

DIE ZAHLEN 1–25

2   1.1

1 eins	6 sechs	11 elf	16 sechzehn	21 einundzwanzig
2 zwei	7 sieben	12 zwölf	17 siebzehn	22 zweiundzwanzig
3 drei	8 acht	13 dreizehn	18 achtzehn	23 dreiundzwanzig
4 vier	9 neun	14 vierzehn	19 neunzehn	24 vierundzwanzig
5 fünf	10 zehn	15 fünfzehn	20 zwanzig	25 fünfundzwanzig

DIE 8B

3

Die 8b hat
fünfundzwanzig
Schüler

Nr.	Name und Vorname	Geburts-datum	Geburtsort	Bekenntnis	Anschrift	Name und Beruf des Erziehungs-berechtigten	erste Ein-schu-lung	Eintritt in diese Schule Tag	Eintritt in diese Schule Jahrg. Klasse
1	Bardell, Ute								
2	Buttler, Florence								
3	Ehm, Cosima								
4	Faas, Karsten								
5	Henzel, Henning								
6	Hvingstein, Kendra								
7	Korf, Gregory								
8	Höm, Verena								
9	Huser, Tobias								
10	Jäger, Karen								
11	Kato, Akiko								
12	Küpper, Uta								
13	Lehnert, Andreas								
14	Louha, Patrick								
15	Lueken, Pesmille								
16	Mercelod, Nadja								
17	Moll, Sandra								
18	Pöhler, Manuel								
19	Rehaen, Stefanie								
20	Schröder, Jngo								
21	Schwilberg, Maik								
22	Samedas, Stefanie								
23	Vogel, Andreas								
24	Wagner, Janning								
25	Wildredes, Nina								

Schuljahr 19 ____ / ____   Jahrgangsstufe/Klasse

Gruppenfoto

Eine Lehrerin

Stefanie Sonntag?	Nummer	22.
Tobias Hüser?	Nummer	9.
Pernille Lueken?	...	
...	...	

Wer ist das?

Das ist Nummer zwei, Florence Buttler.

...

...

Guten Tag, wie heißt du? 4

Wie heißt du?   Ich heiße...

Schreib die Namen auf!

Wie alt bist du? 🎞 5

Schreib das auf!

Uta sagt:	Ich bin vierzehn Jahre alt	Tobias sagt:	...
Sandra sagt:	Vierzehn	Verena sagt:	...
Corinna sagt:	Vierzehn Jahre	Kendra sagt:	...
Grégory sagt:	...	Patrick sagt:	...
Ute sagt:	...	Nina sagt:	...
Pernille sagt:	...	Karen sagt:	...
Maik sagt:	...		

Und du? 📖

Wie heißt du?

Wie alt bist du?

Personalien

Wie heißt er?

Wie heißt sie?

Wie alt ist er?

Wie alt ist sie?

Er heißt Grégory.
Er ist vierzehn Jahre alt.

Sie heißt Corinna.
Sie ist vierzehn Jahre alt.

...
...

...
...

...
...

...
...

...
...

...
...

Kannst du das lesen?

1.2

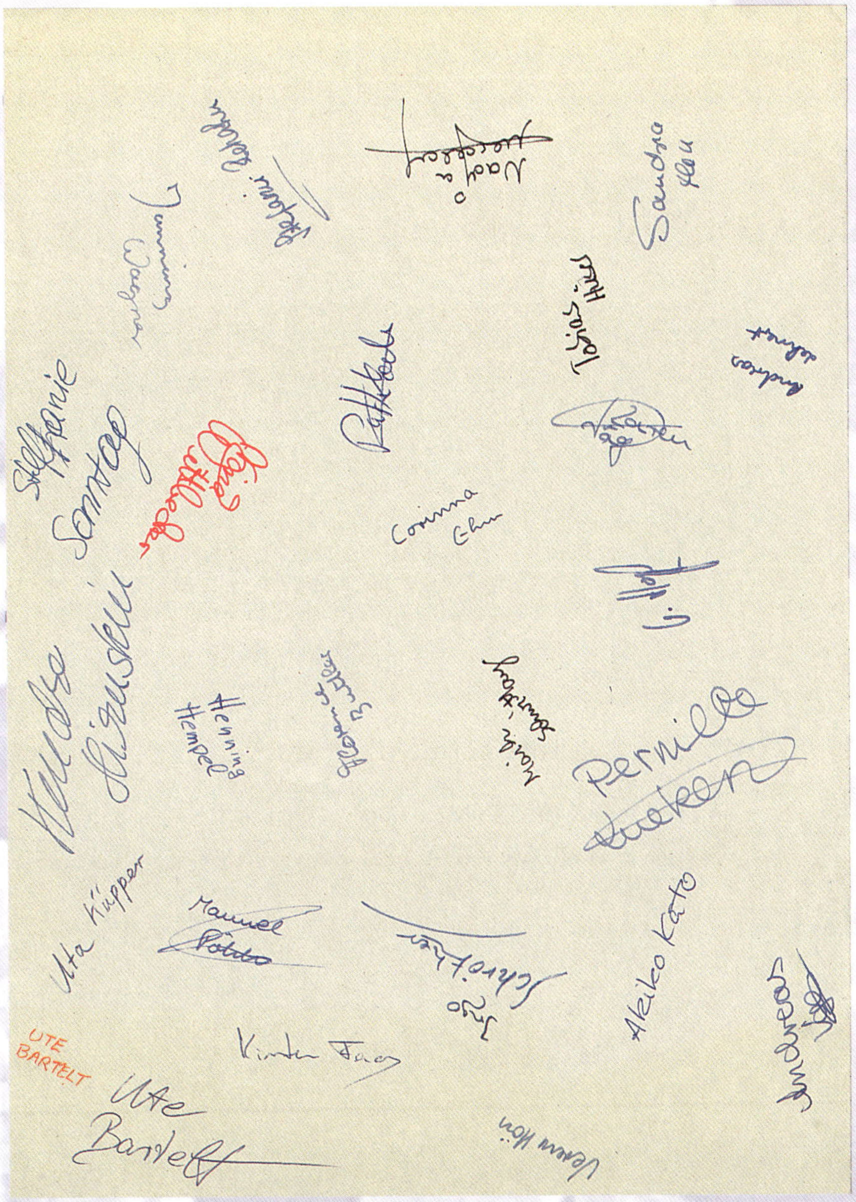

Wer schreibt was?

Hallo! Ich heiße Uta Küpper.

Ich heiße Akiko Kato.

Ich heiße Janning Wagner.

Hé! Ich heiße Florence Buttler

Hallo! Ich heiße Henning;

bin 14 Jahre alt und

und bin 14 ½ Jahre alt.

Ich bin 14 Jahre alt.

Ich bin 14 Jahre alt.

Ich bin 13

1

Erweiterung

HAST DU EINEN SPITZNAMEN? 🖭 6

Spitznamen der Klasse 8b
Maus
Vögi
Würmel
Steffi
Kröte
Kiki
Hösel
Klarabella
Kurze

Henning Hempel	Nein	Nadja Mercelot	...
Andreas Vogel	Vögi	Ute Bartelt	...
Stefanie Rehahn	...	Pernille Lueken	...
Patrick Louha	...	Tobias Hüser	...
Akiko Kato	...	Ingo Schröther	...

📖 Hast du einen Spitznamen?

Nein, ich habe keinen Spitznamen.

Ja, man nennt mich...

WO SITZT DU IN DER KLASSE? 1.3

Sitzplan

Patrick Louha

Manuel Böhler   Andreas Vogel

Uta Küpper   Kirsten Faas   Akiko Kato

Kendra Hirnstein   Verena Hört   Klaren Jäger

Ingo Schröther   Pernille Lueken   Stefanie Sonntag   Sandra Moll   Stefanie Rehahn   Ute Bartelt

Henning Hempel   Gregory Hopf   Nina Wittbecker   Nadja Mercelot   Tobias Hüser   Maik Schwittay

Corinna Ehm   Florence Büttler   Janning Wagner   Andreas Lehnert

 neben / zwischen / hinter

Manuel sitzt neben Andreas.

Grégory sitzt zwischen Henning und Nina.

Kendra sitzt hinter Ingo.

Henning sitzt...

Akiko sitzt...

Sandra sitzt...

Uta sitzt...

Florence sitzt...

Grégory sitzt...

Andreas Vogel sitzt...

Stefanie Sonntag sitzt...

Wer sagt das?

🔊 7

Wer sagt das?

1 Das ist Kirsten Faas.

Jetzt machst du 2, 3, 4, 5, 6, 7 und 8!

WIE HEISST DU?

🔊

Schreib alle Namen auf!

SECHS INTERVIEWS

🔊 8

Schreib die Tabelle in dein Heft!

	1	2	3	4	5	6
Wie heißt er/sie?						
Wie alt ist er/sie?						
Wo sitzt er/sie in der Klasse?						
Hat er/sie einen Spitznamen?						

1.4

Zusammenfassung

wer ist das?	who is that?
das ist...	that is... / this is...
guten Tag	hello, good day, good afternoon
wie heißt du?	what's your name?
ich heiße	my name is...
er heißt	his name is...
sie heißt	her name is...
wie alt bist du?	how old are you?
ich bin ... Jahre alt	I am ... years old
er ist	he is
sie ist	she is
ja	yes
nein	no

die Zahlen 1–25 (Seite 2)

hast du einen Spitznamen?	have you got a nickname?
ich habe keinen Spitznamen	I haven't got a nickname
man nennt mich...	they call me...
wo sitzt du in der Klasse?	where do you sit in the class?
ich sitze	I sit
er sitzt	he sits
sie sitzt	she sits
neben	next to
zwischen ... und ...	between ... and ...
hinter	behind

Die Schule

DER KLASSENRAUM

Welches Foto ist das?

🔲 1

die Klasse

die Tafel

der Klassenraum

der Klassenlehrer

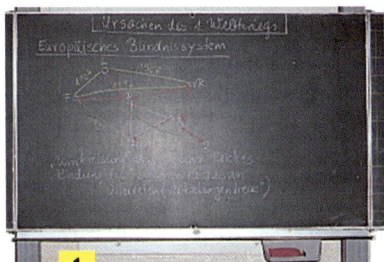

1

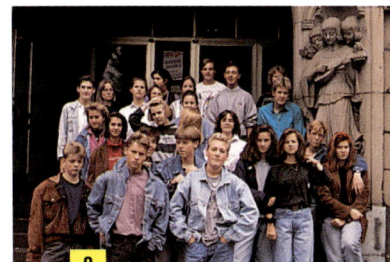

2

3

4

1 die Tür

2 der Schrank

3 das Waschbecken

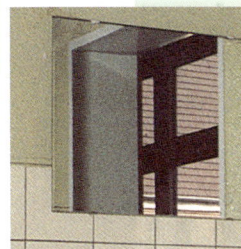

4 der Spiegel

5 der Papierkorb

Wie gut ist dein Gedächtnis?

6 der Tageslichtprojektor

Du hast zwei Minuten... Mache das Buch zu!

Was ist Nummer vier? Und Nummer zwei? Und Nummer fünf?

7 das Fenster

Münzlos glücklich.

Hier.

8 das Poster

DER/DIE/DAS und EIN/EINE/EIN

2.1
1

Der, die oder das?

Mache drei Listen!

der Klassenraum	die Tafel	das Waschbecken
der Spiegel	...	...
...		

Ein oder eine?

der → ein
die → eine
das → ein

Das ist ein Schrank

Das ist eine Tür

Das ist ein Poster

1

Das ist ein...

Das ist eine...

2

3

4

5

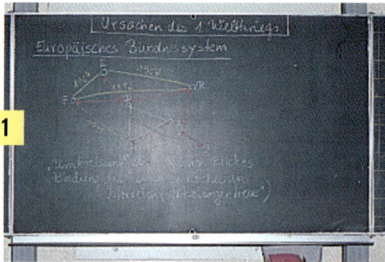

6

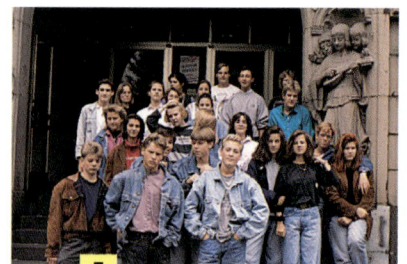

7

WAS GIBT ES IM KLASSENRAUM?

Es gibt einen Papierkorb und einen Spiegel.	**der** Spiegel → es gibt **einen** Spiegel
Es gibt eine Tafel und eine Tür.	**die** Tafel → es gibt **eine** Tafel
Es gibt ein Waschbecken.	**das** Waschbecken → es gibt **ein** Waschbecken

Was gibt es in deinem Klassenraum?

Du sagst: *Es gibt ein...*

Interview mit Andreas Lehnert ▭ 2 | 2.1 2

- Andreas, wie viele Kinder sind in der Klasse?
- ○ Wir sind fünfundzwanzig.
- Was gibt es im Klassenraum?
- ○ Es gibt Stühle 𝌀𝌀𝌀, Tische ⊓⊓⊓, ein Waschbecken, einen Spiegel, eineTafel... Poster, einen Schrank... einen Papierkorb, einen Tageslichtprojektor...

SINGULAR UND PLURAL

der Stuhl	der Schrank	der Tisch	das Poster	das Fenster
Es gibt einen Stuhl.	Es gibt einen Schrank.	Es gibt einen Tisch.	Es gibt ein Poster.	Es gibt ein Fenster.
Es gibt Stühle.	Es gibt Schränke.	Es gibt Tische.	Es gibt Poster.	Es gibt Fenster.

Was gibt es hier?

Es gibt eine Tafel.
Es gibt ...

Interview mit Henning

 3

30 = dreißig

Wie viele Stühle hat der Klassenraum?

Der Klassenraum hat...

Wie viele Tische hat der Klassenraum?

Der Klassenraum hat...

Wie viele Fenster hat der Klassenraum?

Der Klassenraum hat...

Was gibt es in eurem Klassenraum?

```
2.2
1
```

Male ein Bild von deinem Klassenraum und schreibe einen Text dazu!

Es gibt...

Der Klassenraum hat...

Interview mit Nina

```
2.2
2
```

Was ist das?

WAS HAST DU IN DER SCHULTASCHE UND IN DER FEDERMAPPE?

Maiks Tasche  4

 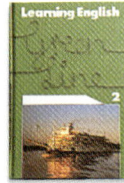 

- Maik, was hast du in deiner  ?

○ Ja, also, ich habe einige  und Bücher – ein 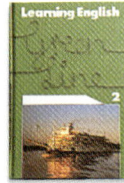 ein

und ein  . Und ich habe meinen  . Dann habe ich noch eine  .

- Eine Federmappe? Und was hast du in der Federmappe?

○ Einen [Füller] , zwei [Kulis] , einen [Tintenkiller] , einen [Radiergummi]

und drei [Bleistifte] Bleistifte).

Hier sind die Vokabeln – wie ist die richtige Reihenfolge?

Hefte	Federmappe	Schultasche	Kulis
Radiergummi	Mathebuch	Bleistifte	Französischbuch
Füller	Englischbuch	Ordner	Tintenkiller

DER PLURAL

	ich habe...	ich habe...
der Kuli (-s)	einen Kuli	zwei Kuli**s**
die Federmappe (-n)	eine Federmappe	zwei Federmappe**n**
das Heft (-e)	ein Heft	zwei Heft**e**

Ebenso mit: der Bleistift (-e)   die Schultasche (-n)   das Buch (¨ er)
der Füller (-)   das Englischbuch (¨ er)
der Ordner (-)   das Französischbuch (¨ er)
der Radiergummi (-s)   das Mathebuch (¨ er)
der Tintenkiller (-)

Interview mit Pernille

 5

Was hat Pernille in der Schultasche?

Schreib eine Liste!

Interviews mit Tobias und Stefanie Rehahn  2.3 1

Der, die oder das?

1

2

3

4

5

6

Interview mit Janning Wagner

Das Interview ist nicht auf Kassette! Du schreibst das. Das Interview hat zwei Fragen:

- Janning, was hast du in deiner Schultasche?
- Was hast du in deiner Federmappe?

○ Ich habe...

○ Ich habe...

Rollenspiel

2.3 2

Interview mit dir

Was hast du in deiner Schultasche und in deiner Federmappe?

Schreib das in dein Dossier!

ZWEI KLASSENRÄUME

Der Klassenraum von der 8b	Der Klassenraum von meiner Klasse
zwölf Fenster	… Fenster
dreißig Tische	… Tische
…	…

Der Klassenraum von der 8b hat ……………, ……………, ……………, ……………, aber der Klassenraum von meiner Klasse hat ……………, ……………, ……………, ……………

DIE SCHULTASCHE

Maik hat einen Ordner, … … … in der Schultasche und … … … in der Federmappe.

Peter aus England hat auch einen Ordner und einige Bücher, aber er hat sechs Bücher. Er hat eine Federmappe, aber er hat keinen Tintenkiller. Er hat einen Füller, fünf Kulis und zwei Radiergummis, aber er hat keine Bleistifte.

Und du?
Und was hat dein Partner / deine Partnerin?

Erweiterung

Bleistift	50 Pf.*
Kuli	90 Pf.*
Radiergummi	DM 1,–
Heft	DM 1,20
Tintenkiller	DM 1,50
*DM 1,– = 100 Pfennig	

WAS KAUFST DU?

Du hast fünf Mark. Was kaufst du?

Ich kaufe einen Kuli, zwei Bleistifte…

LOTTO

Tintenkiller	Kuli	Federmappe
Bleistift	Radiergummi	Tisch
Füller	Spiegel	Tageslichtprojektor
Papierkorb	Heft	Poster
Schrank	Fenster	Englischbuch

SCHULBEGINN:
WAS KAUFST DU?

Mitmachen! BRUNNEN KLASSE

ÖKO-LIFE: TOP-HITS OF NATURE!

GESAMTWERT 3000 MARK!

Ob Holz-, Leder- oder Schulartikel, letztere aus Sauer- stoff-gebleichtem Zellstoff - die Viel- falt der öko-life- product-line ist genial. Nicht nur, daß jedes Teil abso- lut umweltverträg- lich ist - nein, Stück für Stück ist ein klei- nes Kunstwerk. Indi- viduell und exklusiv für junge Leute. Und damit das ideale Geschenk für Dein Traumgirl bzw. Dei- nen Traumboy. Zum Beispiel die Poster aus der öko-life- line: witzig, roman- tisch, einfühlsam. Botschaften der Liebe...

Schultasche DM 149,50. **Farbstifte im Erlenholzetui** DM 18,95. **Jugend- füller** DM 29,95. **Rucksack** DM 189,50. **Becher aus Buche f. Schreib- geräte** DM 6,95. **Schreibhalter-Set mit Glashalter, Tischständer und blauer Tinte im Fäßchen** DM 24,95.

BRUNNEN

Zusammenfassung

der Klassenlehrer	form teacher (male)	**die Federmappe (-n)**	pencil case
der Klassenraum	classroom	**die Schultasche (-n)**	school-bag
die Klasse	class, form	**das Buch (¨er)**	book
die Tafel	blackboard	**das Heft (-e)**	exercise book
der Papierkorb	waste-paper basket	**das Englischbuch (¨er)**	English book
der Schrank (¨e)	cupboard	**das Französischbuch (¨er)**	French book
der Spiegel	mirror	**das Mathebuch (¨er)**	maths book
der Stuhl (¨e)	chair	**das ist der/die/das...**	that is the...
der Tageslichtprojektor	overhead projector	**das ist ein/eine/ein...**	that is a...
der Tisch (-e)	table, desk	**es gibt einen/eine/ein...**	there is a...
die Tür	door	**es gibt + Plural**	there are...
das Fenster (-)	window	**hat**	has
das Poster (-)	poster	**ich habe**	I have
das Waschbecken	wash-basin	**dreißig**	thirty
der Bleistift (-e)	pencil	**mein (meine, meinen)**	my
der Füller (-)	fountain pen	**kein (keine, keinen)**	no, not a, not any
der Kuli (-s)	biro, ball-point pen	**einige**	a few, some
der Ordner (-)	file	**aber**	but
der Radiergummi (-s)	rubber, eraser	**auch**	also, too, as well
der Tintenkiller (-)	ink-erasing pen		

vierzig	forty
fünfzig	fifty
sechzig	sixty
siebzig	seventy
achtzig	eighty
neunzig	ninety
die Mark (-)	Mark (German currency – not called 'Deutschmark'!)
der Pfennig (-)	Pfennig (one hundredth of a Mark)
ich kaufe	I buy

Meine Familie

HAST DU GESCHWISTER?

Wer sagt das?

🎞 1

1 ...k. Ich habe 3 ältere Geschwister. Stephan
ist 23 Jahre alt, Martin ist 21 Jahre alt und
Ruth ist 19 Jahre alt. ...

2 Ich habe zwei Geschwister, einen
Bruder Björn und eine Schwester Sina.

3 Meine Schwester ist 12 Jahre
alt und heißt Nadine. ...

4 Ich habe einen Bruder.

SO SAGT MAN DAS AUF DEUTSCH

Ich habe	einen Bruder
Ich habe	zwei Brüder
Ich habe	eine Schwester
Ich habe	zwei Schwestern
Ich habe	keine Geschwister

Er heißt	Peter
Sie heißt	Petra
Sie heißen	Peter und Petra

Und du?
Hast du Geschwister?

Andere Schüler und Schülerinnen der 8b

Hallo!

Ich heiße Pernille Lueken. Ich bin 14 Jahre
ich habe eine Schwester: Sie heißt Anaïs

Hallo!

Mein Name ist Sandra Kroll und ich bin
14 Jahre alt. Ich habe einen Bruder
und eine Schwester, die aber schon
viel älter sind als ich.

Hi!

Ich heiße Florence Buttler und bin 14 ½ Jahre
alt. Ich habe 2 Geschwister, Sebastian 12 Jahre,
und Frédéric 9 Jahre alt.

Hallo ?

Ich heiße Kirsten Faas und bin 14 Jahre alt.
Ich habe keine Geschwister.

Hallo

Mein Name ist Ute Barklet und
ich bin 15 Jahre alt. Ich habe
eine jünger Schwester namens Bretta.

Hallo!

Ich heiße Henning, bin 14 Jahre alt

Halli Hallöchen

Ich heiße Stefanie Sonntag. An statt Geschwister
habe ich einen dicken, gemütlichen Hund.

Hallo!

Ich heiße Janning Wagner. Ich bin 13

1 Sandra hat…	5 Florence hat…
2 Stefanie hat…	6 Kirsten hat…
3 Janning hat…	7 Pernille hat…
4 Ute hat…	8 Henning hat…

Wie heißen sie? Wie alt sind sie? 🔊 2

Hier sind die Namen:

Ruth

Nadine

Sina

Rio

Martin

Stephan

Wie heißt Ingos Bruder? Wie alt ist er? — Er heißt Björn. Er ist 13.

Wie heißt Ingos Schwester? Wie alt ist sie? — …

Wie heißt Maiks Schwester? Wie alt ist sie? — …

Wie heißen Utas Brüder? Wie alt sind sie? — …

Wie heißt Utas Schwester? Wie alt ist sie? — …

Wie heißt Akikos Bruder? Wie alt ist er? — …

Geschwister, Geschwister, Geschwister! 👥 3.1 1

MEIN/MEINE/MEIN

So sagt man das auf deutsch:

mein Bruder heißt John
meine Schwester heißt Joanne
meine Brüder heißen John und Richard
sie heißen John und Richard
meine Schwestern heißen Joanna und Wendy
sie heißen Joanna und Wendy

mein Bruder ist zwölf (Jahre alt)
meine Schwester ist zehn (Jahre alt)
meine Brüder sind zwölf und zwanzig (Jahre alt)
sie sind zwölf und zwanzig (Jahre alt)
meine Schwestern sind zehn und neunzehn (Jahre alt)
sie sind zehn und neunzehn (Jahre alt)

M	F	N	Plural
der	die	das	die
↓	↓	↓	↓
mein	meine	mein	meine

Deine Familie 👥

| 👀 | Vater | Onkel | Opa | Cousin | Hund | Mutter | Tante | Oma | Kusine | Katze |

Wie heißt dein Vater/Onkel/Opa/Cousin/Hund? Er heißt …

Wie alt ist er? Er ist … Jahre alt

Wie heißt deine Mutter/Tante/Oma/Kusine/Katze? Sie heißt…

Wie alt ist sie? Sie ist … Jahre alt

📖 Hast du Geschwister? Wie heißen sie? Wie alt sind sie?

Hast du Geschwister? Wie heißen sie? Wie alt sind sie? 📼 3.2

TELEFONNUMMERN

0	null
30	dreißig
40	vierzig
50	fünfzig
60	sechzig
70	siebzig
80	achtzig
90	neunzig
99	neunundneunzig
100	hundert
101	hunderteins
1996	neunzehnhundertsechsundneunzig

Wie ist deine Telefonnummer? 🖭 3

Meine Telefonnummer ist 55 39 03.

Jannings Telefonnummer ist fünfundfünfzig neununddddreißig null drei.
Höre der Kassette gut zu! Wie sind die Telefonnummern von Ingo, Maik,
Uta, Nadja, Nina und Corinna?

Ingos Telefonnummer ist...

Maiks Telefonnummer ist...

...

Rollenspiel 👥 3.1 2

Die Telefonnummern der Klasse 8b

Wie ist deine Telefonnummer?

Meine Telefonnummer ist ...

DATEN

In welchem Jahr bist du geboren?

Boris Becker ist 1967 geboren.
Michael Schumacher ist 1969 geboren.

In welchem Jahr bist du geboren?

Ich bin 19... geboren.

Und deine Familie? In welchem Jahr ist dein Vater (oder deine Mutter) geboren?

Er/sie ist ... geboren.

In welchem Jahr ist dein Bruder geboren?

Er ist ... geboren.

In welchem Jahr ist deine Schwester geboren?

Sie ist ... geboren.

Welches Jahr war das?

2 Die Eröffnung des Kanaltunnels

1 Der Beginn des Ersten Weltkrieges

3 Das Ende des Zweiten Weltkrieges

4 Steffi Graf gewinnt in Wimbledon

5 Die Olympischen Spiele in Berlin

6 Der erste Mensch auf dem Mond

7 Der Bau der Berliner Mauer

8 Der Fall der Berliner Mauer

Wann hast du Geburtstag?

🖭 4

Wann hat
Uta Geburtstag?

Wann hat
Nina Geburtstag?

Wann hat Ingo
Geburtstag?

Wann hat
Maik Geburtstag?

Wann hat Nadja
Geburtstag?

Ich habe am	**ers**ten	Januar	Geburtstag
Er hat am	zweiten	Februar	
Sie hat am	dri**t**ten	März	
	vierten	April	
	fünften	Mai	
	sechsten	Juni	
	siebten	Juli	
	ach**t**en	August	
	neunten (usw.)	September	
	neunzehnten	Oktober	
	zwanzig**s**ten (usw.)	November	
	einunddreißig**s**ten	Dezember	

Ich habe am sechsten fünften Geburtstag = Ich habe am sechsten Mai Geburtstag

Wann haben Ute, Florence, Corinna, Kirsten, Henning, Kendra, Verena und Tobias Geburtstag?

📖 Wann hast du Geburtstag? Und deine Familie?

Computer-Virus in der 8b!

3.3
1

Nr.	Name und Vorname	Geburts-datum
1	Bartelt, Ute	4.9.
2	Buttler, Florence	3.9.
3	Ehm, Corinna	26.7.
4	Faas, Kirsten	21.11.
5	Hempel, Henning	16.1.
6	Hirnstein, Kendra	6.11.
7	Hörr, Verena	21.9.
8	Hüser, Tobias	1.3.

DAS ALPHABET 🎞 5

Welches Wort ist das? 🎞 6

Wie schreibt man das?

• Gregory, wie heißt du mit Nachnamen?
◦ Hopf.
• Wie schreibt man das?
◦ H O P F.

Wie heißt du mit Nachnamen? Wie schreibt man das?

Rollenspiel 👥 3.3 2

Erweiterung

DER STADTPLAN VON ESSEN

Wo ist das in Essen?

Kettwig   D19 und E19

Steele   N10 und N11

Altenessen-Süd H6 und J6

1 Wo ist Frillendorf?

2 Wo ist Katernberg?

3 Wo ist Borbeck (Borbeck-Mitte)?

4 Wo ist Stoppenberg?

5 Wo ist Überruhr-Hinsel?

6 Wo ist Frohnhausen?

7 Wo ist Stadtwald?

Wer wohnt wo? 🎞 7

Wo wohnt Kirsten?   Sie wohnt in…

Wo wohnt Uta?   …

Und Henning? Und Tobias? Und Ingo? Und Nina? Und Janning? Und Corinna? Und Ute? Und Kendra?

Nord

Katernberg

E-Katernbg. Süd

Dellwig

7 km

Vogelheim

Bergeborbeck

Museum für
Archäologie

Altenessen-
Süd

E-Altenessen

Stoppenberg

Schonnebeck

5

6

7

E-Dellwig Ost

Gerschede

E-Gerschede

5 km

Borbeck-Mitte

E-Borbeck

Bochold

Bedingrade

E-Borbeck-
Süd

Nordviertel

E-Kray Nord

Kray

E-Kray-Steele

Schönebeck

Schönebecker Str.

Altendorf

E-Frohnhausen

West-
viertel

E-West

Universität

Münster

Rathaus

Frillendorf

Frillendorfer

E-Frillendorf

Am Zehnthof

E-Kray Süd

8

9

3 km

Frohnhausen

E-Wickenburgbrücke (Gruga)

E-Haumannbrücke

Alte
Synagoge

Essen Hbf.

E-Friedrichstraße

Opernhaus

E-Stadtmitte

Saalbau Essen

Südost-
viertel

E-Steeler Straße

Autobahnanschluß
E-Ost

E-Steele

Huttrop

Steele

10

11

Ruhrlandmuseum

Museum Folkwang

E-Süd

Bergerhausen

E-Bergerhausen

Überruhr-
Hinsel

E-Überruhr

12

Holsterhausen

Klinikum

Grugahalle

Rüttenscheid

Fulerum

Gruga

Messegelände

Relling-
hausen

13

MÜLHEIM

26 km

Marga-
rethen-
höhe

E-Rüttenscheid

E-Stadtwald

Überruhr-
Holthausen

E-Süd

Stadtwald

Haarzopf

E-Bredeney

Schellenberger Wald

14

Schuir

Flughafen
Essen-Mülheim

E-Haarzopf

Bredeney

Villa Hügel

E-Hügel

Stadtwald

BALDENEYSEE

Heisingen

15

16

23 km
32 km

Heissiwald

Fischlaken

Mineralien

17

E-Werden

Werden

Abtei u.
Folkwangschulen

E-Kupferdreh

Kupferdreh

18

Heidhausen

19

Kettwig

Ruhr

C   D   E   F   G   H   J   K   L   M   N   O

3

Welche Stadtteile von Essen sind das? | 3,4 1 |

Essen-Lotto | 3,4 2 |

Wer wohnt nicht in Essen?

WAS SIND DEINE ELTERN VON BERUF?

Hausfrau

Lehrer

Verkäuferin in einem Teppichgeschäft

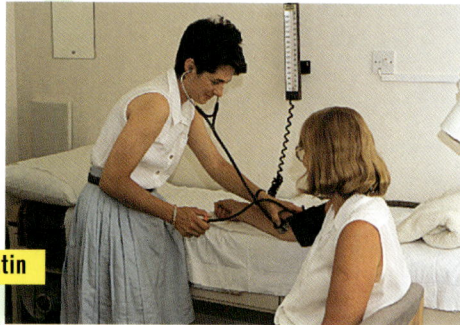

Ärztin

Beamter

Richtig oder falsch? 8

1 Utas Vater ist Lehrer.

2 Ingos Mutter ist Hausfrau.

3 Utas Mutter ist Ärztin.

4 Nadjas Mutter ist Hausfrau.

5 Ninas Vater ist Beamter bei den Stadtwerken.
Ninas Mutter arbeitet in einem Teppichgeschäft.

6 Ingos Vater ist Lehrer.

Wer ist das?

Wer ist Diplomingenieur?

Wer ist Ober- oder Hauptkriminalkommissar?

Zusammenfassung

hast du Geschwister?	have you any brothers or sisters?
Geschwister (Pl)	brothers and/or sisters
keine Geschwister	no brothers or sisters
der Bruder (˙˙)	brother
die Schwester (-n)	sister
sie heißen	their names are...
sie sind	they are
wie ist deine Telefonnummer?	what is your telephone number?
die Telefonnummer (-n)	telephone number
dein (deine, deinen)	your
von	of
in welchem Jahr bist du geboren?	what year were you born in?
ich bin 19... geboren	I was born in 19...
der Vater (˙˙)	father
die Mutter (˙˙)	mother
wann?	when?
wann hast du Geburtstag?	when is your birthday?
ich habe am ... Geburtstag	my birthday is the... of...

die Zahlen (Seite 21)

die Monate (Seite 23)

die Daten (Seite 23)

der Stadtplan (˙˙e)	street-map (of a town)
wo?	where?
ich wohne	I live
du wohnst	you live
er/sie wohnt	he/she lives
sie wohnen	they live
richtig	right, correct
falsch	wrong, false
wer?	who?
wie heißt du mit Nachnamen?	what's your surname?
wie schreibt man das?	how do you spell it/that?

Der Unterricht

DER STUNDENPLAN

das Fach (¨er)
die Stunde (-n)

STUNDENPLAN

ZEIT	MONTAG	DIENSTAG	MITTWOCH	DONNERSTAG	FREITAG	SAMSTAG
$8^{05} - 8^{50}$	Schwimmen	—	Englisch	Erdkunde	Religion	Englisch
$8^{55} - 9^{40}$	Schwimmen	Physik	Deutsch	Englisch	Mathe	Englisch
$10^{00} - 10^{45}$	Kunst	Mathe	Französisch	Deutsch	Deutsch	Französisch
$10^{50} - 11^{35}$	Kunst	Französisch	Politik	Mathe	Erdkunde	Französisch
$11^{55} - 12^{40}$	Englisch	Deutsch	Religion	Physik	Politik	—
$12^{45} - 13^{30}$	Mathe	Politik	—	Französisch	—	—

Das ist der Stundenplan der 8b. Welche Fächer lernt die Klasse? Mathematik (Mathe), Englisch, Deutsch...

Wie viele Fächer sind das?

Wie viele Stunden Mathe hat die Klasse pro Woche?

Wie viele Stunden Englisch hat die Klasse pro Woche?

Wie viele Stunden Deutsch hat die Klasse pro Woche?

Sonntag
Montag
Dienstag
Mittwoch
Donnerstag
Freitag
Samstag
(Sonnabend)

Die Woche und die Wochentage

Montags hat die 8b sechs Stunden. Freitags hat die 8b nur fünf Stunden.

Wie viele Stunden Englisch hat die 8b samstags?

Wie viele Stunden Mathematik hat die 8b donnerstags?

Wie viele Stunden Deutsch hat die 8b freitags?

Um wieviel Uhr?

Die erste Stunde beginnt um acht Uhr fünf und endet um acht Uhr fünfzig.
Die zweite Stunde beginnt um acht Uhr fünfundfünfzig und endet...

Und die zweite Stunde? Und die dritte Stunde? Und die vierte/fünfte/sechste Stunde?

Karens Stundenplan  1 | 4.1 1 |

Welches Fach ist das?

Welche Fächer lernst du? 🎞 2

| 👀 | zu Hause | Japanisch | Geschichte | auf französisch |

Was sagen Nadja, Ingo, Maik, Akiko, Corinna, Nina, Sandra und Uta?

MEINE LIEBLINGSFÄCHER

Hallo !

Ich heiße Kirsten Faas und bin 14 Jahre alt. Ich besuche die Klasse 8L der Suisenschule. Meine Lieblingsfächer sind: Mathe, Kunst, Musik, Englisch, Französisch, Physik und Chemie.

das Lieblingsfach (¨er)

Wie viele Lieblingsfächer hat Kirsten?

Was sind sie?

Was ist dein Lieblingsfach? 🔲 3

Das ist doch falsch! Kannst du diesen Text korrigieren?

👀 keins   gar keins

Ingos Lieblingsfach ist Politik.

Utas Lieblingsfach ist Sport.

Akikos Lieblingsfach ist Deutsch.

Nadjas Lieblingsfach ist Chemie.

Corinnas Lieblingsfach ist Physik.

Maiks Lieblingsfach ist Erdkunde.

Ninas Lieblingsfach ist Englisch.

Welches Fach magst du nicht? 🔲 4

Nicht so gerne mag ich: Politik, Erdkunde, Sport und Geschichte.

Kirsten mag Politik, Erdkunde, Sport und Geschichte nicht.

👀 Schwimmen

Welches Fach mag Ingo nicht?

Welche zwei Fächer mag Maik nicht?

Welches Fach mag Uta nicht?

Welches Fach mag Akiko nicht?

Welches Fach mag Nadja nicht?

Welche sechs (!) Fächer mag Nina nicht?

Welches Fach mag Corinna nicht?

Du und Deine Fächer

Welche Fächer lernst du?

Was ist dein Lieblingsfach?
Was sind deine Lieblingsfächer?

Welches Fach magst du nicht?
Welche Fächer magst du nicht?

Welches Fach findest du am leichtesten?   4.1 2

Welches Fach findest du am leichtesten?

Welches Fach findest du am schwierigsten?

Welches Fach findest du wichtig?

Welches Fach findest du unwichtig?

Wie findest du das?

Wie findest du Deutsch?

Deutsch finde ich toll!

toll	sehr gut	gut	ganz gut	nicht schlecht
in Ordnung/OK	nicht so gut	schlecht	furchtbar	das weiß ich nicht

Wie findest du Mathe?

Wie findest du Englisch?

Wie findest du Physik?

Wie findest du Sport?

Wie findest du … ?

Wie findest du die Schule? 🔲 5

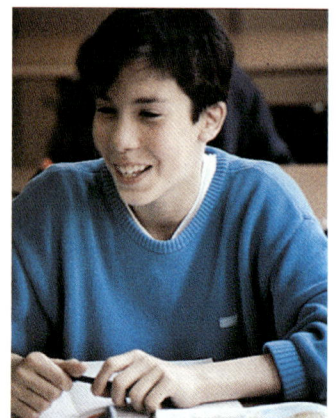

1 Wie findet Pernille die Schule?	**6** Wie findet Grégory die Schule?
2 Wie findet sie die Klasse?	**7** Wie findet er die Klasse?
3 Wie findet sie die Fächer?	**8** Wie findet er Mathematik?
4 Wie findet sie Kunst und Erdkunde?	**9** Wie findet er die anderen Fächer?
5 Wie findet sie Physik?	**10** Wie findet er Sport?

11 Wie findet Ute die Schule?	**15** Wie findet Tobias die Schule?
12 Wie findet sie die Klasse?	**16** Wie findet er die Klasse?
13 Wie findet sie Kunst und Mathematik?	**17** Wie findet er Politik und Erdkunde?
14 Wie findet sie die anderen Fächer?	**18** Welche Fächer findet er toll?

4.2

4.3

VERBEN	1	2	3
	Deutsch	**finde**	ich toll
	Englisch	**finde**	ich nicht so gut
	Mathe	**finde**	ich furchtbar

	lernen	finden	haben	sein
ich	lerne	finde	habe	bin
du	lernst	findest	hast	bist
er/sie/es	lernt	findet	hat	ist
wir	lernen	finden	haben	sind
ihr	lernt	findet	habt	seid
Sie/sie	lernen	finden	haben	sind

DIE 8B

Interview mit Kendra 🔲 6

Dieses Interview ist auf Kassette. Schreib die Verben auf (1 bis 9)!

- Wie heißt du?
- Kendra.
- Wie alt ❶ du?
- Ich ❷ vierzehn.
- In welcher Klasse ❸ du?
- Ich ❹ in der 8b.
- Wie viele seid ihr in der Klasse?
- Wir ❺ fünfundzwanzig.
- Welchen Klassenraum habt ihr?
- Wir ❻ den Raum 19.
- Und welche Fächer lernt ihr?
- Wir ❼ Sport, Englisch, Deutsch, Französisch, Mathematik, Biologie, Physik, Erdkunde, Politik, Religion, Musik und Kunst.
- Wie ❽ du die Klasse?
- Mmm, ich ❾ sie ganz gut.

Und eure Gruppe?

Welchen Klassenraum habt ihr?

Wie viele Stunden habt ihr pro Woche?

Welche Fächer lernt ihr?

Wie findet ihr die Klasse?

Ein Tag in der Luisenschule 🎞 7

kommen   klingeln   beginnen   enden   dauern   die Pause   essen   trinken   aus   endlich

8:00

8:05

8:50

9:40

11:30

13:25

Erweiterung

DAS SCHULSYSTEM IN DEUTSCHLAND ☺ ☺

DIE SCHULEN

In Deutschland gehen die Kinder **mit sechs Jahren** in die Schule. Die erste Schule heißt die **Grundschule**. Die Grundschule hat vier Klassen. Mit zehn Jahren kommen **die meisten Schüler** in die zweite Schule: **die Hauptschule, die Realschule** oder **das Gymnasium**. Deutschland hat nicht sehr viele **Gesamtschulen**.

DER TAG

Die Schule beginnt **normalerweise** um acht Uhr. **Meistens** haben die Schüler fünf oder sechs Stunden pro Tag. **Es gibt Pausen** von fünf Minuten zwischen den Stunden und zwei große Pausen von fünfzehn Minuten. **Gegen** 13.00 Uhr ist die Schule **aus**. Viele Schulen haben auch samstags Unterricht.

DIE NOTEN

Deutsche Schüler **machen** viele Hausaufgaben, aber die Lehrer **korrigieren** die meisten Hausaufgaben nicht. **Statt dessen** gibt es vier- **bis** neunmal im Jahr **wichtige Klassenarbeiten**. Die Noten gehen von eins bis sechs.

eins	=	**sehr gut**
zwei	=	**gut**
drei	=	**befriedigend**
vier	=	**ausreichend**
fünf	=	**mangelhaft**
sechs	=	**ungenügend**

Man braucht mindestens „ausreichende" Noten, sonst muß man **sitzenbleiben**. Das heißt, man muß das **Schuljahr wiederholen**.

WAS ES NICHT GIBT

Es gibt keine **Schuluniform**. Die meisten Schüler (und viele Lehrer) tragen Pullover und Jeans. Es gibt auch sehr wenige **Strafen**. In Deutschland sind **Strafarbeiten** und **Nachsitzen** meistens **verboten**.

Das ist doch falsch! Was sind die richtigen Informationen?

1 Deutsche Kinder gehen mit fünf Jahren in die Schule.

2 Die erste Schule heißt die Hauptschule.

3 Die Grundschule hat sechs Klassen.

4 Deutschland hat viele Gesamtschulen.

5 Die Schule beginnt normalerweise um neun Uhr.

6 Meistens haben die Schüler sieben oder acht Stunden pro Tag.

7 Es gibt zwei große Pausen von zwanzig Minuten.

8 Gegen 17.00 Uhr ist die Schule aus.

9 Viele Schulen haben auch sonntags Unterricht.

10 Deutsche Schüler haben keine Hausaufgaben.

11 Die Noten gehen von eins bis zwanzig.

12 Sechs ist sehr gut.

13 Fünf ist ausreichend.

14 Es gibt eine Schuluniform in Deutschland.

15 Es gibt viele Strafen in deutschen Schulen.

Zusammenfassung

der Lehrer (-)	male teacher	**Physik**	physics
der Schüler (-)	schoolboy	**Sport**	sport, sports, games, PE
der Stundenplan (¨e)	timetable	**beginnen**	to begin
der Unterricht	teaching, lessons, tuition	**enden**	to end
die Lehrerin (-nen)	female teacher	**finden**	to find
die Schülerin (-nen)	schoolgirl	**lernen**	to learn
die Stunde (-n)	lesson, period	**sagen**	to say
	(also means 'hour')	**um (8.50 Uhr /**	at (8.50)
das Fach (¨er)	subject	**acht Uhr fünfzig)**	
welche? (Pl)	which?	**Lieblings-**	favourite
wie viele?	how many?	**ich mag**	I like
pro	per	**du magst**	you like
der Tag (-e)	day	**er/sie mag**	he/she likes
die Woche (-n)	week	**wie?**	how?
Biologie	biology	**toll**	great
Deutsch	German	**sehr**	very
Englisch	English	**gut**	good
Erdkunde	geography	**in Ordnung**	all right
Französisch	French	**schlecht**	bad
auf französisch	in French	**furchtbar**	awful
Mathe	maths	**das weiß ich nicht**	I don't know
Mathematik	mathematics	**die Pause (-n)**	break
Musik	music		

die Tage der Woche (Seite 28)

Chemie	chemistry	**wichtig**	important
Geschichte	history	**unwichtig**	unimportant
Religion	RE	**ganz gut**	quite good
leicht	easy	**normalerweise**	normally, usually
am leichtesten	the easiest	**meistens**	mostly
schwierig	difficult	**machen**	to do, to make
am schwierigsten	the most difficult		

Freizeit

FREIZEIT UND HOBBYS

Kampfsport (Judo)

Computer

lesen

schwimmen

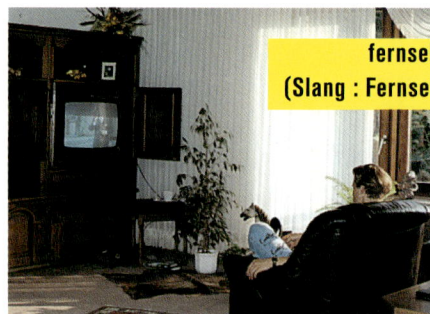

fernsehen
(Slang : Fernsehen gucken)

Musik hören

radfahren

Wer macht was? 🔲 1

Hört der Kassette gut zu! Wer hat die Hobbys auf den Fotos?

Ihr hört Maik, Uta, Ingo, Andreas und Nina.

WAS MACHST DU GERN/GERNE IN DEINER FREIZEIT?

schwimmen
ich schwimme gern/gerne
schwimmen gehen
ich gehe gern/gerne schwimmen

angeln gehen
ich gehe gern angeln

skilaufen gehen
ich gehe gern skilaufen

lesen
ich lese* gern/gerne

malen
ich male gern

tanzen
ich tanze gern

kochen
ich koche gern

reiten
ich reite gern

Musik hören
ich höre gern Musik

fernsehen
ich sehe* gern fern
Fernsehen gucken
ich gucke gern Fernsehen

radfahren
ich fahre* gern Rad

Sport treiben
ich treibe gern Sport

Badminton (usw.) spielen
ich spiele gern Badminton (usw.)

Violine (usw.) spielen
ich spiele gern Violine (usw.)

mit dem Hund spielen
ich spiele gern mit dem Hund

Was liest du gern?

Ich lese gern *Pop Rocky* – ich höre auch gern Popmusik.

Siehst du gern fern?

Ja, ich sehe gern Fußball. Ich spiele auch gern Fußball.

Fährst du gern Rad?

Nein, ich fahre Skateboard.

*lesen	
ich lese	wir lesen
du liest	ihr lest
er/sie/es liest	Sie/sie lesen

*sehen	
ich sehe	wir sehen
du siehst	ihr seht
er/sie/es sieht	Sie/sie sehen

*fahren	
ich fahre	wir fahren
du fährst	ihr fahrt
er/sie/es fährt	Sie/sie fahren

Welches Hobby ist das? Welcher Sport ist das? 🔲 2

a   b   c   d   e   f

Was machst du gern in deiner Freizeit? 🔲 3 │ 5.1

Was für Hobbys hat die 8b?

👀	zeichnen	die Blockflöte (-n)	die Querflöte (-n)	ins Kino gehen
	die Ölmalerei	telefonieren	bummeln	die Stadt
	einkaufen	am liebsten	ein bißchen	

Ich heiße Kirsten Faas
Meine Hobbys sind:
lesen, zeichnen, Theater,
Volleyball spielen, Block-
und Querflöte spielen,
ins Kino gehen ...

Ich heiße Akiko Kato.
Meine Hobbys sind: Violine spielen,
Ölmalerei und lesen (Ich lese gerne
Bücher von William Shakespeare).

Ich heiße Janning Wagner.
Mein Hobbys sind nur angeln, schwimmen,

Ich heiße Ute Bartelt
Meine Hobbys sind lesen,
telefonieren, zeichnen,
Fernseh gucken, Musik hören,
ins Kino gehen, Sport treiben
in der Stadt bummeln,
einkaufen etc.

Hallo!
Mein Name ist Tobias Hüser. Ich fahre gern Rad
und ich lese gern.

Mein Name ist Sandra Roll.
In meiner Freizeit treibe ich
gerne Sport, wobei mir das
Schwimmen am liebsten ist

Ich heiße Henning. Ich spiele Tischtennis
und fahre ein bißchen Fahrrad.

1 Was für Hobbys hat Tobias?   Er fährt gern Rad und er liest gern.

2 Was für Hobbys hat Sandra?   Sie treibt gern Sport und schwimmt gern.

3 Was für Hobbys hat Janning?   ...

4 Was für Hobbys hat Ute?   ...

5 Was für Hobbys hat Kirsten?   ...

6 Was für Hobbys hat Henning?   ...

7 Was für Hobbys hat Akiko?   ...

Was für Hobbys hast du? Was machst du gern in deiner Freizeit? 👨👨👨 📖

Spielst du gern Fußball?

Ja, ich spiele gern Fußball.

Nein, ich spiele nicht (sehr) gern Fußball.

👀👀 wandern   die Disco   die Popmusik

das Instrument (-e)   klassische Musik   die Gitarre

das Klavier   fotografieren   sammeln

die Briefmarke (-n)   machen   das Modell (-e)

kochen   der Computer   reiten

faulenzen

1 Spielst du gern Fußball?

2 Spielst du gern Basketball? Volleyball? Hockey? Tennis? Tischtennis? Badminton?

3 Schwimmst du gern?

4 Fährst du gern Rad?

5 Wanderst du gern?

6 Tanzt du gern?

7 Gehst du gern in die Disco?

8 Hörst du gern Popmusik?

9 Hörst du gern klassische Musik?

10 Gehst du gern ins Kino?

11 Spielst du ein Instrument?

12 Spielst du Gitarre? Klavier? Querflöte? Blockflöte?

13 Fotografierst du gern?

14 Sammelst du Briefmarken?

15 Machst du Modelle?

16 Zeichnest du gern?

17 Malst du gern?

18 Liest du gern?

20 Kochst du gern?

21 Spielst du gern am Computer?

22 Reitest du gern?

23 Faulenzt du gern?

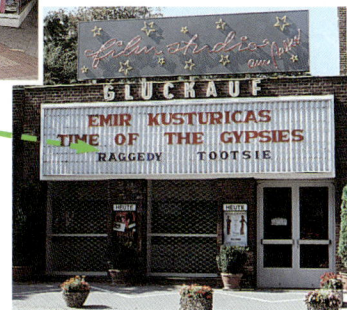

Treibst du gern Sport? Bist du in einem Sportverein? 🔲 4

eher weniger
hassen
sportlich
logischerweise
das Geräteturnen
turnen
die Mannschaft
da gehe ich nicht hin

Höre der Kassette gut zu! Es gibt Interviews mit Maik, Uta, Akiko, Andreas, Nina, Corinna, Henning, Ingo und Nadja.

1 Wer treibt gern Sport?

2 Wer treibt nicht gern Sport?

3 Wer ist in einem Verein (z.B. Tischtennisverein, Schwimmverein)?

Wann treibst du Sport? 🔲 5

jeden Freitag
dienstagabends
nachmittags
von sechs bis neun Uhr
einmal in der Woche
dreimal in der Woche
in den Ferien
wenn das Wetter schön ist

das Grugabad

Henning spielt ... Tischtennis.

Corinna geht ... turnen.

Nina schwimmt im Grugabad, ... , ...

Ingo geht ... ... zum Judo.

Akiko malt ...

Wann machst du deine Hobbys? Wann treibst du Sport? 📖

jeden Tag
jeden Sonntag
jeden Dienstag (usw.)
einmal/zweimal/dreimal (usw.) in der Woche

nachmittags
abends
samstags
samstagnachmittags
montagabends
sonntagmorgens (usw.)

von sechs bis neun Uhr
(usw.)

in den Ferien
am Wochenende

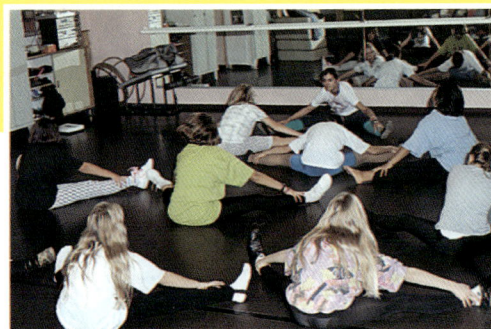

IN + DATIV

der Sportverein	ich bin in ein**em** Sportverein
die Mannschaft	ich bin in ein**er** Mannschaft
das Teppichgeschäft	Ninas Mutter arbeitet in ein**em** Teppichgeschäft
der Raum	die Klasse 8b ist i**m** (= in **dem**) Raum 19
die Klasse	ich bin in **der** Klasse 8b
das Jahr	ich bin i**m** (= in **dem**) Jahr 19.. geboren
die Ferien (Plural)	in **den** Ferien gehe ich schwimmen

	M	F	N	Pl
Nominativ	der	die	das	die
Akkusativ	den	die	das	die
Dativ	dem	der	dem	den

	M	F	N
Nominativ	ein	eine	ein
Akkusativ	einen	eine	ein
Dativ	einem	einer	einem

👀👀 der Chor   der Jugendklub   die Clique   die Fußballmannschaft   das Sportzentrum   das Orchester

z.B.   Ich singe **in einem** Chor.

1 Ich spiele Klarinette ... ... Orchester.

2 Ich spiele Fußball ... ... Fußballmannschaft.

3 Ich bin freitagabends immer ... ... Jugendklub.

4 Ich spiele Tischtennis ... ... Sportzentrum.

5 Ich und meine Freunde sind ... ... Clique zusammen.

im / in der / in einem / in einer?

1 Maik ist ... Schwimmverein.

2 Es gibt viele Tische ... Klassenraum.

3 Ich habe Bleistifte und einen Füller ... Federmappe.

4 ... Mannschaft ist Nadja nicht.

5 Wir lernen Deutsch ... Schule.

Was machst du gern in deiner Freizeit? 📼 5.3

Welche Sportarten siehst du gern im Fernsehen? 📼 6

Höre der Kassette gut zu! Welche Sportarten sehen die Schüler gern im Fernsehen?

👀 im Fernsehen   der Fernseher   die Leichtathletik

Ingo sieht gern … und …

Maik sieht gern …, … und …

Uta sieht gern … und …

Nadja sieht gern … und …

Nina sieht gern …

Andreas sieht gern … und …

Corinna sieht gern …

Akikos Familie hat … …

Was für Hobbys hast du?

Treibst du gern Sport?

Wann machst du das?

Bist du in einem Verein?

Welche Sportarten siehst du gern im Fernsehen?

EUROSPORT

Achtung! Änderungen möglich

8.30 Aerobic Zum Mitmachen
9.00 Automobilsport
    Formel 1: Großer Preis von
    Japan: 2. Zeittraining
10.00 Motorsport-Magazin
11.00 Motorradsport Magazin
11.30 Tunesien-Rallye (Zus.)
12.00 Boxen K.o. Magazin
13.00 Formel 1 (Wh. v. 9.00)
14.00 Reitsport Live
    Springreiter-Weltcup
16.00 Leichtathletik Live
    Straßen-WM im Staffellauf
17.00 Tanzen
18.00 Reitsport (Wh. v. 14.00)
19.00 Golf 4-Ball in Paris
20.00 Formel 1 (Wh. v. 9.00)
21.00 Automobilsport Indy Cars
21.30 Tunesien-Rallye (Zus.)
22.00 Boxen Live
    WM im Weltergewicht
0.00 Ringen EM in Athen
1.00 Automobilsport Live
    Formel 1 in Aida: Warm up
1.30–2.00 Eurofun Magazin

13.00 **Tennis:** Die
letztjährige Halb-
finalbegegnung
verlief für den Amerikaner
Ivan Lendl (Foto) problemlos.
Er setzte sich damals gekonnt
gegen den Franzosen Fabrice
Santoro durch.

7.45/8.30 Sport-Report (Wh.)
9.30 Tanzen
    Bericht von der Boogie-
    Woogie-WM in Basel (Wh.)
10.30 Trans World Sports (Wh.)
11.30 Täglich fit
    Fit mit Stephan Lehmann
12.00 Fußball Bundesl. (Wh.)
13.00 Tennis
    ATP-Turnier in Nizza: 1.
    und 2. Halbfinale, live
    Kommentatoren: Herbert
    Gogel, Herbert Steffe und
    Wolfgang Wild
17.00 Motorsport-Magazin (Wh.)
18.00 Eiskunstlaufen
    Schaulaufen aus dem ehe-
    maligen Olympiastadion in
    Garmisch-Partenkirchen
20.00 Tennis Spezial
    ATP-Highlights aus Barcelo-
    na und Tokio
20.25 Spanischer Fußball
    Spitzenspiel des 34. Spiel-
    tags. Komm.: G. Weise
22.20 Motorsport
    Neues Off-Road-Magazin
    Mit einer Saisonvorschau
    auf die Deutsche Touren-
    wagen-Meisterschaft
23.15 Wrestling
    WCW Championship

Erweiterung

KIRSTEN, UTE UND JANNING

👀 besuchen   braun   grün   die Haare   das Auge   ca = zirka   m = Meter
groß   die Wohnung   zudem   der Hund

Hallo !

Ich heiße Kirsten Faas und bin 14 Jahre alt. Ich besuche die Klasse 8b
der Luisenschule. Ich wohne in Essen-Stadtwald.
Ich habe keine Geschwister. Meine Hobbys sind: lesen, zeichnen, Theater,
Volleyball spielen, Block- und Querflöte spielen, ins Kino gehen …
Meine Lieblingsfächer sind: Erdkunde, Kunst, Musik, Englisch, Französisch,
Physik und Chemie. Nicht so gerne mag ich Politik, Erdkunde, Sport
und Geschichte.

Hallo!

Ich heiße Ute Bartelt und bin 14 Jahre alt.
Ich bin in Wilhelmshaven geboren worden.
Ich habe braune Haare und braun-grüne
Augen und bin ca 1.67 m groß.
Meine Hobbys sind lesen, telefonieren, zeichnen,
Fernseh gucken, Musik hören, ins Kino gehen,
Sport treiben, in der Stadt bummeln, einkaufen etc.
Ich wohne im Essener-Nord-Osten in einer Wohnung.

Hallo!
Ich heiße Janning Wagner. Ich bin 13 und wohne
in Essen. Mein Hobbys sind nur angeln, schwimmen.
Ich gehe in die 8 b. Ich habe zudem noch einen
Hund.

Richtig oder falsch?

Kannst du die falschen Sätze korrigieren?

1 Kirsten spielt zwei Instrumente: Gitarre und Violine.

2 Sie liest gern.

3 Sie geht gern ins Theater.

4 Ute telefoniert gern.

5 Sie hat nicht viele Hobbys.

6 Sie ist in Essen geboren.

7 Janning hat drei Hobbys.

8 Janning spielt ein Instrument.

9 Er hat einen Hund.

Kannst du so einen Text schreiben?

HAUSTIERE

anstatt   dick   gemütlich   Zeit   verbringen

Janning hat einen Hund. Ein Hund ist ein Haustier. Welche Haustiere haben andere Schüler der 8b? Hast du ein Haustier?

An statt geschwister habe ich einen dicken, gemütlichen Hund, mit dem ich auch viel Zeit verbringe.
Stefanie Sonntag

Ich habe 2 Hamster, ein Kaninchen, 7 Goldfische, eine Oma Katze, eine Hündin.
Florence Buttler

Ich habe ein Kaninchen, Minnie und meine Schwester hat einen Hund, Blues und einen Kanarienvogel, Cäsar.
Uta Küpper

ICH SPIELE GERN BADMINTON, ABER ICH SPIELE LIEBER TENNIS

Ingo macht **gern** ♥♥ Karate, aber er macht **lieber** ♥♥♥ Judo und Jiu-Jitsu.

Uta spielt **ziemlich gern** ♥ Volleyball, aber sie liest **lieber** ♥♥.

Akiko treibt **nicht gern** ✗ Sport. Sie malt **lieber** ♥.

Andreas spielt **gern** ♥♥ Fußball, aber er schwimmt **lieber** ♥♥♥. Schwimmen ist sein Lieblingssport.

Und du?

DER BASTLER

Klaus Striegler, 18 Jahre, hält sein Flugzeug in der Hand. Es ist ein Modell mit Gummimotor

Gummimotor

. Klaus dreht den Propeller , bis das Gummi gespannt ist. Dann wirft er das Flugzeug in die

Seitenruder

Luft . Höhenruder und Seitenruder steuern die Maschine – wie bei den großen.

Höhenruder

In großen Kreisen steigt das Flugzeug und kommt nach einigen Minuten

wieder auf den Boden zurück.

Klaus begann dieses Hobby mit 12 Jahren. Basteln machte ihm schon immer Spaß. Erst waren es kleine Modelle ohne

Motor , dann baute er immer größere . Klaus testete seine Flieger auf

Wettbewerben. Dort gewinnt das Modell, das am längsten in der Luft bleibt . Jetzt nimmt er an deutschen und

internationalen Meisterschaften teil .

1 Wie alt ist Klaus – zwölf, fünfzehn oder achtzehn?

2 Wie groß ist sein Flugzeug – achtzig Zentimeter, fünf Meter oder zwanzig Meter?

3 Was treibt das Flugzeug – Diesel, Benzin oder Gummi?

4 Was hat ein großes Flugzeug nicht – einen Gummimotor, Seitenruder oder Höhenruder?

5 Wie lange bleibt das Modell in der Luft – eine Minute, einige Minuten oder eine Stunde?

Zusammenfassung

was machst du gern/gerne in deiner Freizeit ?	what do you like doing in your free time?	die Gitarre	guitar
was für Hobbys hast du?	what hobbies have you got?	ich spiele Gitarre	I play the guitar
das Hobby (-s)	hobby	das Klavier	piano
schwimmen	to swim	wandern	to hike
schwimmen gehen	to go swimming	in die Disco gehen	to go to the disco / to discos
ich gehe schwimmen	I go swimming	ich gehe gern in die Disco	I like going to the disco / to discos
lesen (ie)	to read		
malen	to paint	ins Kino gehen	to go to the cinema
tanzen	to dance	fotografieren	to photograph, to do photography
die Musik	music		
die Popmusik	pop muisc	sammeln	to collect
hören	to hear, to listen to	die Briefmarke (-n)	stamp
ich höre gern Musik	I like listening to music	ich sammle Briefmarken	I collect stamps
sehen (ie)	to see	das Modell (-e)	model
fernsehen (ie)	to watch TV	zeichnen	to draw
ich sehe gern fern	I like watching TV	kochen	to cook
Fernsehen gucken (Slang)	to watch TV	reiten	to ride (horses)
ich gucke gern Fernsehen	I like watching TV	der Computer (-)	computer
fahren (ä)	to go (in a vehicle)	ich spiele am Computer	I play on the/my computer
radfahren (ä)	to cycle	der Verein (-e)	club
ich fahre gern Rad	I like cycling	ich bin in einem Verein	I'm a member of a club
das Rad (¨er)	bike	der Sportverein	sports club
der Sport	sport	der Fußballverein (usw.)	football club (etc.)
die Sportarten (Pl)	(different kinds of) sports	das Training	training
Sport treiben	to do sport	jeden Tag	every day
ich treibe gern Sport	I like doing sport	jeden Freitag	every Friday
spielen	to play	abends	in the evenings
Badminton	badminton	nachmittags	in the afternoons
Basketball	basketball	von... bis...	from... till...
Fußball	football	einmal, zweimal, dreimal	once, twice, three times
Hockey	hockey	einmal in der Woche	once a week
Tennis	tennis	am Wochenende	at the weekend
Tischtennis	table-tennis	die Ferien (Pl)	the holidays
Volleyball	volleyball	in den Ferien	in the holidays
das Instrument (-e)	instrument	das Fernsehen	television (the mass medium, programmes)
ich spiele ein Instrument	I play an instrument		
		im Fernsehen	on television
		der Fernseher (-)	television set

faulenzen	to laze around	einkaufen	to shop
skifahren (ä)	to ski	ich gehe einkaufen	I go shopping
ich fahre gern Ski	I like skiing	telefonieren	to (use the) telephone
die klassische Musik	classical music	angeln	to fish
die Blockflöte	recorder	das Haustier (-e)	pet
die Querflöte	flute	der Goldfisch (-e)	goldfish
die Violine	violin	der Hamster (-)	hamster
hassen	to hate	der Hund (-e)	dog
sportlich	sporty	die Hündin (-nen)	bitch
turnen	to do gymnastics	der Kanarienvogel (¨)	canary
die Mannschaft (-en)	team	die Katze (-n)	cat
der Jugendklub (-s)	youth club	das Kaninchen (-)	rabbit
wenn das Wetter schön ist	when the weather is nice	ziemlich	quite, fairly
zirka	about, approximately	lieber	by preference, preferably
1,70 m = ein Meter siebzig	1.70 metres	ich schwimme lieber	I prefer swimming
ich bin ein Meter siebzig groß	I am 1.70 metres tall	die Luft	air
		die Minute (-n)	minute
die Stadt	town	das Flugzeug (-e)	aeroplane
bummeln	to stroll		
ich bummle in der Stadt	I stroll round the town		

Alltag

DER ALLTAG VON NINA, ANDREAS UND PETRA

Ein Tag mit Nina

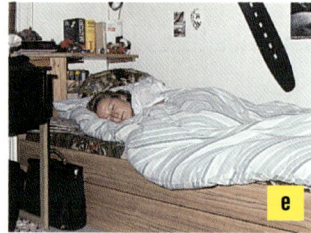

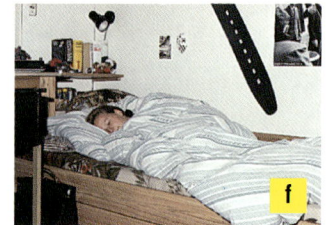

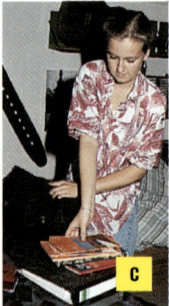

Die Fotos sind in der falschen Reihenfolge! Kannst du die Reihenfolge korrigieren? z.B. 1 = e.

1 Ich schlafe acht oder
   neun Stunden.

2 Ich stehe auf.

3 Ich gehe ins Bad.

4 Ich ziehe mich an.

5 Ich frühstücke.

6 Ich packe meine Tasche.

7 Ich gehe aus dem Haus.

8 Ich mache meine
   Hausaufgaben.

9 Ich höre Musik.

10 Ich esse Abendbrot.

11 Ich gehe ins Bett.

12 Ich schlafe ein.

Ein Tag mit Andreas

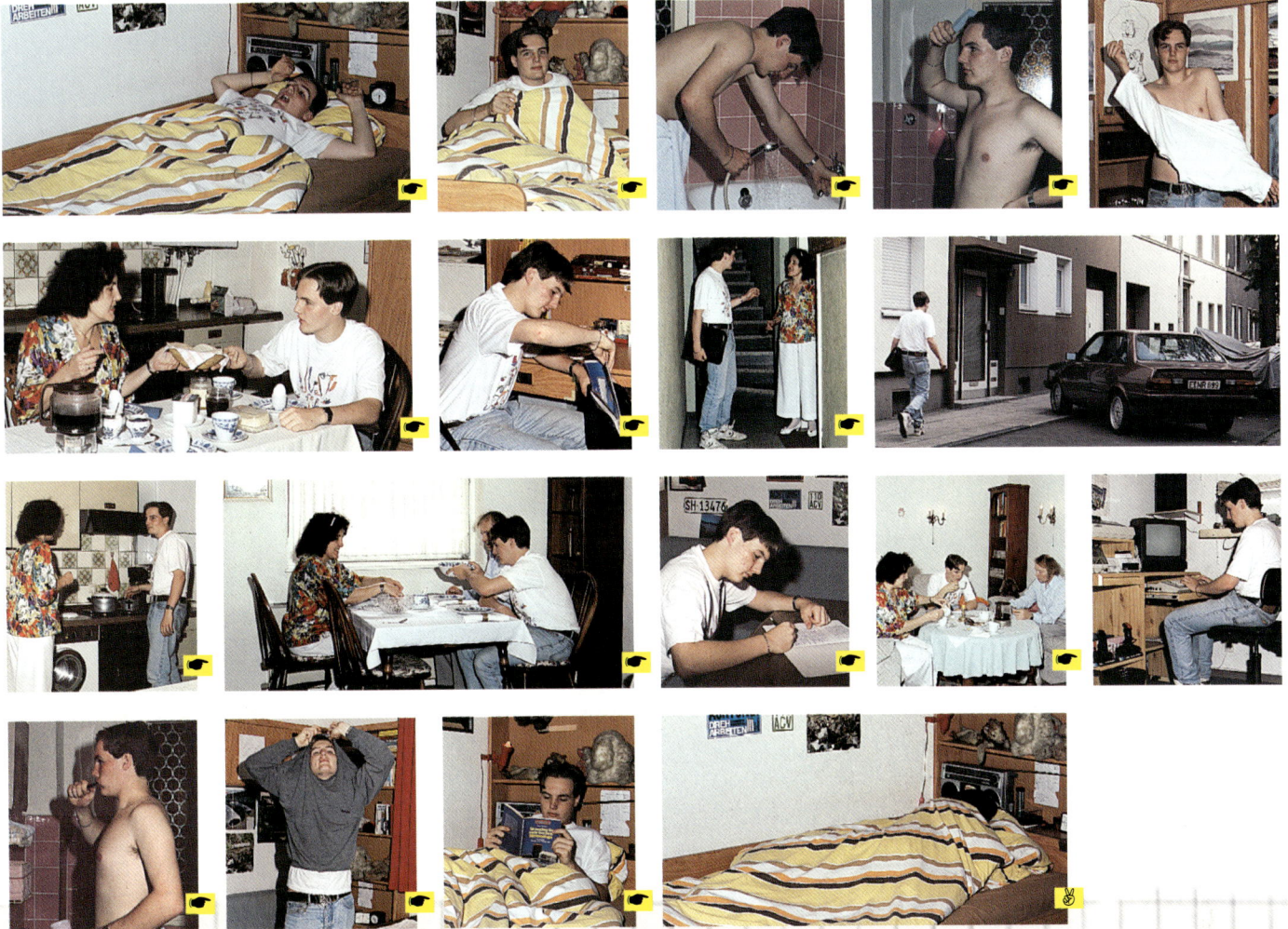

Kannst du den Text ordnen?

Ich mache meine Hausaufgaben.

Ich gehe ins Bad. Ich dusche.

Ich ziehe mich aus.

Ich helfe meiner Mutter in der Küche.

Meine Mutter und ich frühstücken zusammen in der Küche.

Ich gehe aus dem Haus.

Ich schlafe ein.

Ich ziehe mich an.

Ich spiele am Computer.

Meine Eltern und ich essen zu Mittag.

Ich gehe in die Schule.

Ich packe meine Tasche.

Wir trinken Kaffee zusammen.

Ich putze mir die Zähne.

Ich stehe auf.

Ich lese im Bett.

6.1

Ich kämme mich.

Ich schlafe bis sechs Uhr dreißig. Ich wache auf.

TRENNBARE VERBEN

z.B. **auf**stehen, **auf**wachen, **an**kommen

Ich **wache** um sieben Uhr **auf**

Ich **stehe** um 7.05 Uhr **auf**

Ich **komme** um 7.55 Uhr **an**

STARKE VERBEN

essen	schlafen	helfen	waschen
ich esse	ich schlafe	ich helfe	ich wasche
du ißt	du schläfst	du hilfst	du wäschst
er/sie/es ißt	er/sie/es schläft	er/sie/es hilft	er/sie/es wäscht
wir essen	wir schlafen	wir helfen	wir waschen
ihr eßt	ihr schlaft	ihr helft	ihr wascht
Sie/sie essen	Sie/sie schlafen	Sie/sie helfen	Sie/sie waschen

REFLEXIVE VERBEN

sich kämmen	sich waschen	sich anziehen
ich kämme **mich**	ich wasche **mich**	ich ziehe **mich** an
du kämmst **dich**	du wäschst **dich**	du ziehst **dich** an
er/sie/es kämmt **sich**	er/sie/es wäscht **sich**	er/sie/es zieht **sich** an
wir kämmen **uns**	wir waschen **uns**	wir ziehen **uns** an
ihr kämmt **euch**	ihr wascht **euch**	ihr zieht **euch** an
Sie/sie kämmen **sich**	Sie/sie waschen **sich**	Sie/sie ziehen **sich** an

Ein Tag mit Petra

Petra Hermann, ein Mädchen aus Schwerin in Ostdeutschland, schreibt über den Alltag ihrer Familie. Schreibe den Text in dein Heft und vervollständige den Text:

aufwachen	Ich ... um 6.30 Uhr ...
aufstehen	Ich ... ... und
gehen	... ins Bad
sich waschen	Ich ... ...
sich anziehen	Ich ... ... schnell ...
frühstücken	Ich ... in der Küche
packen	Ich ... meine Tasche
gehen	Ich ... um halb sieben aus dem Haus
essen	Nach der Schule ... ich zu Mittag
helfen	Ich ... ein bißchen in der Küche
machen	Dann ... ich meine Hausaufgaben
hören	Ich ... ein bißchen Musik und
lesen	...
essen	Um 18.00 Uhr ... ich Abendbrot
Fernsehen gucken	Abends ... ich ...
gehen	Um 22.00 ... ich ins Bett

Was macht Petra?

Sie wacht auf. Sie steht auf und geht ins Bad...

Was macht Petras Bruder Axel?

„Ich stehe um 6.45 Uhr auf. Ich dusche, ziehe mich an, und ich frühstücke in der Küche. Ich packe meine Tasche und gehe zur Schule. Nach der Schule esse ich und mache meine Hausaufgaben. Ich spiele Fußball, esse Abendbrot, sehe fern und gehe ins Bett."

Beachte!   Sie packt **ihre** Tasche.
Sie macht **ihre** Hausaufgaben.

Beachte!   Er packt **seine** Tasche.
Er macht **seine** Hausaufgaben.

WIEVIEL UHR IST ES? WIE SPÄT IST ES?

es ist zwei Uhr   es ist fünf nach zwei   es ist zehn nach zwei   es ist Viertel nach zwei   es ist zwanzig nach zwei

es ist fünf vor halb **drei**   es ist halb **drei**   es ist fünf nach halb **drei**   es ist zwanzig vor drei   es ist Viertel vor drei

es ist zehn vor drei   es ist fünf vor drei   01.00 Uhr / 13.00 Uhr = **ein** Uhr   01.05 Uhr / 13.05 Uhr = fünf nach **eins**

Wann beginnt die Schule?
Um wieviel Uhr beginnt die Schule?
Die Schule beginnt um acht / um acht Uhr.

±15.00 Uhr =	**gegen** drei Uhr	**so um** drei Uhr
	ungefähr um drei Uhr	**zirka um** drei
	um drei Uhr **ungefähr**	

Wieviel Uhr ist es?

  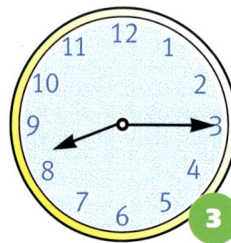  

1 **2** **3** **4** **5**

6 **7** **8** **9** **10**

1. 23.00 Uhr = elf Uhr   **2.** 16.30 Uhr = ...   **3.** 13.25 Uhr = ...   **4.** 19.35 Uhr = ...   **5.** 17.20 Uhr = ...
6. 14.00 Uhr = ...   **7.** 20.15 Uhr = ...   **8.** 23.55 Uhr = ...   **9.** 15.45 Uhr = ...   **10.** 22.25 Uhr = ...

die Sendung

1 Um wieviel Uhr kommt *Sherlock Holmes in New York*?

2 Um wieviel Uhr kommt *Games World*?

3 Um wieviel Uhr kommt *James Bond junior*?

4 Um wieviel Uhr kommt *Glücksrad Gala*?

5 Um wieviel Uhr kommt *Top Model*?

6 Um wieviel Uhr kommt *Peter Pan und die Piraten*?

Bob, der Flaschengeist Trickserie
Yogi Bär Zeichentrickserie
6.45 Die Sechs-Millionen-Dollar-Familie Scarab der Große (Wh.)
Piff ...
Samurai ...
Comix B...
Pinocchio Amerik. Trickserie
Camp Ca...
Die Dsch...
T-Rex Amerikan. Trickserie
Lazer Patrol US-Trickserie
Biker Mi...
3tlg. ame...
Heute: Ro...
Folgen je...

.30 X-M...
Heute: Ja...
3 Folgen...

.50 Pow...
merikani...
Heute: Di...
Mit David...
Trini), A...
Walter Jor...
0 Folgen,...
Harry u...
Full Hou...
Eine sta...
Der Prin...
Major Dad Glanzvoller Auftritt
Knight Rider US-Actionserie
Minister auf Abwegen (Wh.)
Das A-Team US-Actionserie
Das FBI ist immer dabei (Wh.)
21, Jump Street US-Serie
Die schwarzen Schafe (Wh.)
–18.45 Bayern: Bayern Journal
Beverly Hills, 90210 US-Serie
Wunder dauern etwas länger
RTL aktuell Nachrichten

10 Nur die Liebe zählt
Moderation: Kai Pflaume

15 Hochwürden erbt das Paradies
Deutscher Spielfilm von 1993
Hochwürden..... Hans Clarin
Hotelier Stiller... Jochen Busse
va....... Julia Biedermann
Bürgermeister..... Adi Peichl
u. a.; Regie: Otto W. Retzer
RTL-Erstsendung am 14.11.1993
Peinlich (Münchner Merkur).

05 Total Recall – Die totale Erinnerung
Amerikan. Spielfilm, 1990
Quaid. Arnold Schwarzenegger
Melina....... Rachel Ticotin
Lori...... Sharon Stone
u. a.; Regie: Paul Verhoeven
RTL-Erstsendung am 17.4.1993
Der Film sei zynisch und spekulativ, schimpfen die Kritiker, die damit zwar recht – aber auch recht wenig verstanden haben (Süddeutsche Zeitung).
RTL Samstag Nacht Comedy
Heiße Pantherkatzen Brasilian. Erotikfilm, 1984. Mit Elisabeth Hartmann, A. do Vaile (Wh.)
Banacek: Der griechische Kelch Amerik. Kriminalfilm, 1974. Mit G. Peppard (Wh. von 1993)
Beverly Hills, 90210 (Wh.)

5 Formel-1-WM
Pazifik Grand Prix Live aus Alda/Tanaka in Japan berichten Jochen Mass und Heiko Waßer

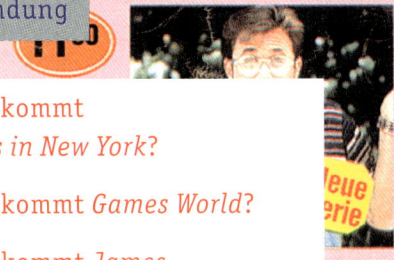

Power Rangers

...lsa will sich ... Der intergalaktische ... macht fünf Teenager zu "Power Rangers". Sie nehmen den Kampf auf.

Hochwürden erbt das Paradies

Pfarrer Gustav will ein Jugendheim auf seiner Pfarrwiese errichten. Hotelier Oskar Stiller hat andere Pläne mit dem Grundstück. Er sorgt dafür, daß Hochwürden ins Gerede kommt.

Total Recall – Die totale Erinnerung

Der Bauarbeiter Doug Quaid wird von Alpträumen gequält. Sie erzählen ihm von einem früheren Leben auf dem Mars. Quaid begibt sich mittels eines Kopftrips auf den roten Planeten.

22 05

Quaid gerät in ein mörderisches Spiel

Formel-1-WM

Ayrton Senna hat die besten Chancen

4 55

Michael Schumacher ist top, aber "Ayrton Senna und der Williams sind unschlagbar", meint Niki Lauda. Der Ex-Formel-1-Pilot ist überzeugt davon: Senna wird Weltmeister.

5.40 Drops! Action-Quiz
6.05 alles capito?! Kinder-Spielshow
6.30 Silverhawks Zeichentrickserie
7.00 Peter Pan und die Piraten
7.30 Die Astro-Dinos Zeichentrick
8.00 Eek, der Kater Zeichentrick
8.30 Don Coyote und Sancho Panda
8.55 James Bond jr. Zeichentrick
9.20 Games World Videospiel-Show
9.50 Wirtschaftsforum Magazin
10.20 Ghostbusters 2
Spielfilm-Wh. vom Freitag

12.30 Des Teufels General
Deutscher Spielfilm von 1954 [112 Min]
Mit Curt Jürgens († 1982; Harras), Victor de Kowa († 1973; Schmidt-Lausitz), Marianne Koch
Regie: Helmut Käutner († 1980)
Lief seit 1967 in ARD, ZDF, SAT.1 und diversen 3. Programmen
1941. Obwohl er die Nazis verachtet, kämpft Flieger Harras für Hitler. Doch er besinnt sich.
"Gelungen, überzeugend und vielfach preisgekrönt" (Gong).

14.40 Sherlock Holmes in New York
Amerikan. Spielfilm von 1976 [95 Min]
Mit Roger Moore (Sherlock), Patrick MacNee (Watson), John Huston († 1987; Moriarty), Charlotte Rampling, Gig Young († 1978) u. a.; Regie: Boris Sagal († 1981)
"Gute Unterhaltung" (Maltin's).
anschl.: TopNEWS Kurznachrichten
16.30 5 mal 5 Schnelles Wortspiel Mod.: Bernd Schumacher
17.00 Geh aufs Ganze! Spiel Moderation: Jörg Draeger
18.00 ran WM-Countdown

18.05 ran Fußball
1. Bundesliga, 31. Spieltag Begegnungen: Siehe ARD Außerdem: 2. Liga, 29. Spieltag
19.20 Newsmagazin Nachrichten

19.30 Glücksrad-Gala Das Millionenspiel
Die Gewinn-Show aus Berlin Moderation: Peter Bond, Frederic Meisner und Gundis Zambo Musikalische Gäste: G. G. Anderson, Tom Astor, Nicki, Jeremy Jackson (bek. aus der US-Serie "Baywatch") u. a.

21.30 Affengeil (5)
(VPS 21.29) Tierisch witzig Das Beste aus den Shows von '93 anschl.: TopNEWS Nachrichten

22.00 Mann-o-Mann
Heute mit Herren aus Herne Moderation: Peer Augustinski anschl.: TopNEWS Nachrichten

23.00 Top Model
Mit Jessica Moore, James Sutterfield u. a.; Regie: Joe D'Amato (= Aristide Massaccesi) [81 Min]
SAT.1: 6.4.91, 25.4.92 und 28.8.93
"Seichter, auf Hochglanz getrimmter Pseudo-Sexfilm für Anspruchslose" (Gong).
0.25 Marylin – Geheimste Leidenschaften Spielfilm-Wh. vom Freitag
1.40 Fresh Frames Nachwuchsfilmer
2.40 Des Teufels General Spielfilm-Wh. von 12.30 Uhr
4.40 ran: Fußball (Wh. v. 18.05)

Dritte Spalte

14.40 Holmes kämpft an mehreren Fronten

Sherlock Holmes in New York

Professor Moriarty plant einen Goldraub. Um Sherlock Holmes auszuschalten, entführt er den Sohn von dessen Jugendliebe Irene. Holmes und Watson reisen nach New York.

ran Fußball-Bundesliga

Nürnbergs Keeper Andreas Köpke

18 05

Patt: Bayer Leverkusen und Werder Bremen trennten sich in den letzten vier Begegnungen unentschieden. Frankfurt hofft gegen Wattenscheid auf einen Erfolg wie in der letzten Saison (4:1).

Glücksrad-Gala Das Millionenspiel

Freuen sich auf die Zuschauer: die Moderatoren

19 30

Zu den Gästen gehört heute u. a. Jeremy Jackson, der in der Serie "Baywatch" David Hasselhoffs Sohn spielt. Er hat zusammen mit der Rockband "America" einen Song aufgenommen.

Sarah will Cliff unbedingt verführen

Top Model **23 00**

Nach dem Erfolg des Buches über i... heißen Affären will Sarah die Esc... Dienste unter die Lupe nehmen. ... schüchterne Programmierer Cliff ... ihr bei den Recherchen helfen.

Nadjas Alltag 🔲 1

👀	erst	der Bus	umsteigen	die U-Bahn	da
	nach	gleich	essen (i)	dort	Abendbrot

○ Um wieviel Uhr stehst du auf, Nadja?

● Ich stehe um **1** auf.

○ Um wieviel Uhr gehst du aus dem Haus?

● Ich gehe um **2** aus dem Haus.

○ Wie fährst du zur Schule?

● Ich fahre erst mit dem Bus, und dann steig' ich in die U-Bahn um.

○ Um wieviel Uhr bist du da?

● Ich bin gegen Viertel vor **3** da.

○ Was machst du nach der Schule?

● Nach der Schule fahr' ich gleich nach Hause und esse dort.

○ Um wieviel Uhr ißt du Abendbrot?

● Mm, Abendbrot ess' ich gegen **4**.

○ Und was machst du abends?

● Abends guck' ich Fernsehen oder höre Musik oder lese.

○ Und um wieviel Uhr gehst du ins Bett?

● Och, ich gehe um, gegen **5** ins Bett.

WIE FÄHRST DU ZUR SCHULE?

Ich fahre mit dem Bus

mit dem Zug

mit der U-Bahn

mit + Dativ

mit dem Fahrrad

mit dem Auto

mit der Straßenbahn

Ich gehe zu Fuß

INTERVIEWS ÜBER DEN ALLTAG 6.2 6.3 ▭ 2

Wer ist das?

1 Wer steht um Viertel vor sieben auf?

2 Wer fährt mit dem Zug zur Schule?

3 Wer geht um neun Uhr ins Bett?

4 Wer sieht nachmittags fern?

5 Wer geht abends mit Freunden weg?

6 Wer ißt zwischen acht und zehn Uhr Abendbrot?

7 Wer steht um zwanzig nach sechs auf?

8 Wer geht ins Bett und liest?

9 Wer fährt mit dem Bus, mit der Straßenbahn und dann mit der U-Bahn?

10 Wer geht um Viertel nach sieben aus dem Haus?

Was machen sie?

Was macht Nadja um Viertel vor sieben?

Sie steht auf.

◉◉ morgens

1 Was macht Nadja abends gegen sieben Uhr?

2 Was macht Uta morgens kurz vor sieben?

3 Was macht Maik morgens um zwanzig nach sechs?

4 Was macht Andreas abends?

5 Was macht Nina um zehn oder elf Uhr abends?

6 Was macht Ingo abends?

**WORTSTELLUNG:
VERB AN ZWEITER STELLE**

1	2	3
Ich	**stehe**	um sieben Uhr auf
Um sieben Uhr	**stehe**	ich auf
Dann	**gehe**	ich ins Bad

Maik... / um sechs Uhr zwanzig / auf / steht
Maik steht um sechs Uhr zwanzig auf.

1 Um halb acht...   / Maik / an / kommt

2 Nach der Schule... / nach Hause / Maik / geht

3 Um sieben... / er / ißt / Abendbrot

4 Er...   / um neun Uhr / ins Bett / geht

5 Uta...   / auf / um zwanzig nach sechs / steht

6 Gegen acht Uhr... / sie / Abendbrot / ißt

7 Abends... / Nina / mit Freunden / geht / weg

8 Corinna... / mit dem Bus / fährt

Mein Alltag

Wer hilft im Haushalt? 3

der Haushalt   abtrocknen   ab und zu

Du hörst Uta, Akiko, Nadja, Nina, Andreas, Corinna, Ingo und Maik.

1 Wer hilft im Haushalt und wer nicht?

2 Wer sagt: „Ich helfe abtrocknen, oder ich gehe ab und zu einkaufen"?

Hennings Alltag

6.4

Erweiterung

ESSEN – BUS UND BAHN

Zeichensprache 4

Welche Nummer paßt zu welchem Buchstaben?

a

Kasse

b

INFORMATION

Fahrgast-
Information

c

Automaten

Fahrausweis-
automat

d

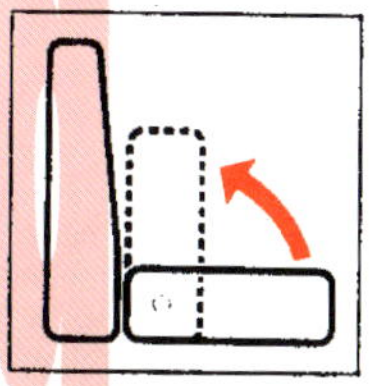

Kinderwagenplatz
Sitz bei Bedarf
hochklappen

e

Einstieg für
Fahrgäste mit
Kinderwagen

f

Nichtraucher

g

P+R

Parken
und Reisen

h

Schulbus

i

Gesperrter
Durchgang

j

Über- oder
Unterführung

k

Fernsprecher

l

Schließfach

Rosendellerstraße, 12 Uhr. Ich fahre zur Luisenschule!

Wann fährt die nächste U-Bahn zum Bismarckplatz?

Um 12.04.

U 18		montags — freitags											U 18
Haltestellen		**Abfahrtzeiten**											
Mülheim Hbf	ab	4.36	4.56		6.26	6.36		7.56	15.06	15.16		18.46	19.26	19.38
Von-Bock-Str			37	57	27	37		57	07	17		47	27	39
Gracht			38	58	28	38		58	08	18		48	28	40
Christianstr			39	59	alle	29	39	alle	59	alle	09	19	alle	49	alle	29	41
Mühlenfeld			40	5.00	10	30	40	10	8.00	10	10	20	10	50	10	30	42
Heißen Kirche			41	01	Min	31	41	Min	01	Min	11	21	Min	51	Min	31	43
Eichbaum			42	02	32	42		02	12	22		52	32	44
Rosendeller Str			44	04	34	44		04	14	24		54	34	46
Humboldtring			45	05	—	35	45		05	15	25		55	—	35	47
Wickenburgstr		4.26	46	06	36	46	8.01	06	16	26	18.51	56	36	48
Breslauer Str		27	47	07	37	47	02	07	17	27	52	57	37	49
Hobeisenbrücke		28	48	08	alle	38	48	alle	03	08	alle	18	28	alle	53	58	alle	38	50
Savignystr		29	49	09	10	39	49	5	04	09	10	19	29	5	54	59	10	39	51
Bismarckplatz		31	51	11	Min	41	51	Min	06	11	Min	21	31	Min	56	19.01	Min	41	53
Essen Hbf		33	53	13	43	53	08	13	23	33	58	03	43	55
Hirschlandplatz		34	54	14	44	54	09	14	24	34	59	04	44	56
Berliner Platz	an	4.36	4.56	5.16	6.46	6.56	8.11	8.16	15.26	15.36	19.01	19.06	19.46	19.58

Während der Ferien entfällt der 5 Min Verkehr

173

Mülheim Hbf – Essen Hbf – Berliner Platz

U 18 — Mülheim Hbf

Haltestellen: Rosendeller Str · MH-Humboldtring · Wickenburgstr · Breslauer Str · Hobeisenbrücke · Savignystr · Bismarckplatz · Essen Hbf · Hirschlandplatz · Berliner Platz

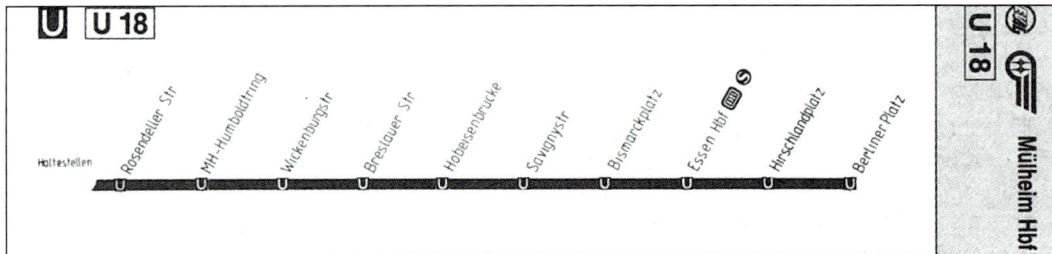

1 Ich bin in Mülheim. Es ist zehn vor sieben. Wann fährt die nächste U-Bahn zum Bismarckplatz?

2 Ich bin in der Savignystraße. Es ist fünf nach acht. Wann fährt die nächste U-Bahn zum Bismarckplatz?

3 Es ist 8.01. Ich bin in Mühlenfeld. Wann fährt die nächste U-Bahn zum Bismarckplatz?

4 Es ist 8.11. Ich bin in der Christianstraße. Wann fährt die nächste U-Bahn zum Bismarckplatz?

5 Es ist elf Uhr. Ich bin in der Breslauerstraße. Wann fährt die nächste U-Bahn zum Bismarckplatz?

Zusammenfassung

schlafen (ä)	to sleep	**ich mache meine**	I do my homework
die Stunde (-n)	hour	**Hausaufgaben**	
*ein*schlafen (ä)	to go to sleep	**Kaffee trinken**	to have coffee
*auf*wachen	to wake up	**ich trinke Kaffee**	I have coffee
*auf*stehen	to get up	**ich gehe mit Freunden weg**	I go out with friends
das Bad (¨er)	bathroom	**putzen**	to clean
ich gehe ins Bad	I go into the bathroom	**ich putze mir die Zähne**	I clean my teeth
duschen	to have a shower	**sich *aus*ziehen**	to get undressed
sich waschen (ä)	to have a wash	**ins Bett gehen**	to go to bed
sich anziehen	to get dressed	**ich gehe ins Bett**	I go to bed
sich kämmen	to comb one's hair	**wie fährst du zur Schule?**	how do you get to school?
frühstücken	to have one's breakfast	**mit dem Auto**	by car
zusammen	together	**mit dem Bus**	by bus
die Küche (-n)	kitchen	**mit dem Fahrrad/Rad**	by bike
in der Küche	in the kitchen	**mit der U-Bahn**	by underground
packen	to pack	**mit dem Zug**	by train
die Tasche (-n)	bag	**zu Fuß**	on foot
ich gehe aus dem Haus	I leave the house	**ich gehe zu Fuß**	I walk, I go on foot
ich gehe in die Schule		**morgens**	in the morning(s)
ich gehe zur Schule	I go to school	**nachmittags**	in the afternoon(s)
essen (i)	to eat	**abends**	in the evening(s)
ich esse zu Mittag	I have lunch	**wieviel Uhr ist es?**	what time is it?
ich esse zu Abend	I have my evening meal	**um wieviel Uhr…?**	(at) what time…?
ich esse Abendbrot	I have my evening meal *(German-style)*	**um (fünf Uhr)**	at five o'clock
		gegen (fünf Uhr) /	
helfen (i)	to help	**so um (fünf Uhr)**	at about five o'clock
ich helfe meiner Mutter	I help my mother		
die Hausaufgaben (Pl)	homework	**die Uhrzeiten (Seite 54)**	

um wieviel Uhr kommt …?	what time is … on TV?
was machst du nach der Schule?	what do you do after school?
ich helfe abtrocknen	I help to dry the dishes

Essen und Trinken

DAS FRÜHSTÜCK

Honig

Kaffee

Brot

Stuten

Knäckebrot

Marmelade

Butter

Kakao

Brötchen

Milch

In Deutschland ißt man zum Frühstück viel Brot, und man trinkt
oft Kaffee, Milch oder Kakao. Wie heißen die Sachen auf dem Bild?

1 Nummer 1 ist Brot.

2 Nummer 2 ist ...

3 ...

◉◉ Der, die oder das?

der	die	das
Kaffee	Milch	Brot
...	...	...
...	...	...

Was ißt du zum Frühstück? [cassette] 1

◉◉	regelmäßig	das Wasser	der Quark
	die Cola	der Toast	die Scheibe
dazu	das Wochenende	auf	die Tasse
die Schnitte	der Sprudel	oder	das Butterbrot

Diese Sätze sind nicht ganz richtig. Kannst du sie verbessern?

1 Zum Frühstück ißt Andreas Knäckebrot und Toastbrot.
Er trinkt Kakao dazu.

2 Zum Frühstück ißt Corinna eine halbe Schnitte und ein
Brötchen. Sie trinkt Milch.

3 Zum Frühstück ißt Ingo normalerweise nichts.
Am Wochenende aber ißt er Cornflakes und trinkt Kaffee, Cola,
Sprudel und Wasser.

4 Zum Frühstück ißt Maik Marmelade auf Brot oder Quark.
Er trinkt Kakao oder Wasser.

5 Nadja ißt eine Scheibe Stuten und Honig oder Quark.
Sie trinkt eine Tasse Kaffee.

6 Akiko ißt Toast und trinkt Milch.

7 Nina ißt ein Butterbrot und trinkt Milch.

8 Uta ißt Cornflakes und trinkt Milch oder Kakao.

Und du? Frühstückst du regelmäßig? Was ißt du? Was trinkst du dazu?

Frühstück in Deutschland

[cassette] 2 |7.1| [persons]

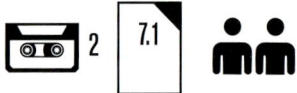

Die Personen: die deutsche Mutter, Peter (der deutsche Austauschpartner) und der Gast (das bist du!).

MUTTER	Komm, setz' dich. Also, wir haben Brötchen, Brot, Butter, Wurst, Käse und Marmelade. Was ißt du normalerweise zu Hause zum Frühstück?
GAST	Normalerweise esse ich Cornflakes oder Müesli und Toast.
MUTTER	Ah ja. Und was möchtest du trinken?
GAST	Ich weiß nicht. Normalerweise trinke ich Tee zum Frühstück.
MUTTER	Oh – Tee haben wir leider nicht.
PETER	Also, es gibt Kaffee, Milch und Kakao. Was möchtest du?
GAST	Ich möchte Kakao, bitte.
MUTTER	Gut. Wir fangen an. Guten Appetit!
PETER	Möchtest du ein Brötchen?
GAST	Danke.
PETER	Nein? Möchtest du kein Brötchen?
GAST	Wie bitte?
PETER	„Danke" heißt „Nein, danke". Du mußt „Ja, bitte" sagen.
GAST	Oh. OK. Ja, bitte. Reichst du mir bitte die Butter?
PETER	Bitte schön.
GAST	Mmm – das Brötchen schmeckt sehr gut!
MUTTER	Möchtest du noch eins?
GAST	Danke – oh, nein, das ist falsch. Ich meine: Ja, bitte!

WAS DU LERNEN MUSST

| ich möchte | einen...
eine...
ein... | reichst du mir bitte | den...
die...
das... | reichst du mir bitte | einen...
eine...
ein... |

ich weiß nicht	guten Appetit	wie bitte?	danke = nein, danke
ja, bitte	bitte schön	das schmeckt sehr gut	ich meine
eine Tasse Kaffee	ein Glas Milch/Saft	eine Scheibe Toast	ein Stück Käse

Ich möchte...

z.B. Ich möchte Kaffee.
Ich möchte eine Tasse Kaffee.

Reichst du mir bitte...?

z.B. Reichst du mir bitte den Toast?

Der/die/das schmeckt sehr gut!

z.B. Die Marmelade schmeckt sehr gut.

der Käse

1 Brot	6 Wurst
2 Milch	7 Honig
3 Kaffee	8 Butter
4 Kakao	9 Stuten
5 Käse	10 Toast

WAS ISST DU?

Die Schüler der Klasse 8b essen und trinken zum Beispiel:

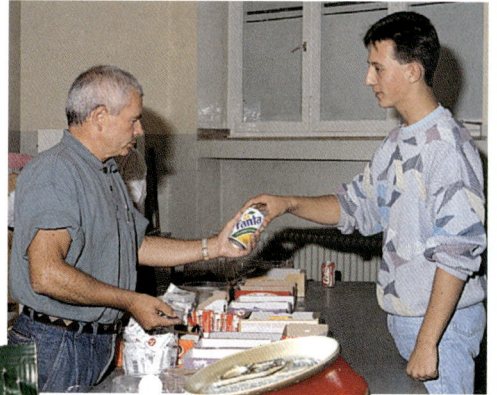

einen Kinderriegel

Tomatensuppe

Coca Cola

einen Twix*

*Raider heißt jetzt Twix!

Kartoffelchips/Chips

Sprudel

einen Snickers

Ißt du etwas in der Schule? 🔲 3 | 7.2 |

👀 es kommt darauf an

Wie oft? 👥👥

👁️👁️ kochen   der Unterricht

1 Wie oft treibst du Sport?

2 Wie oft siehst du fern?

3 Wie oft gehst du ins Kino?

4 Wie oft hörst du Musik?

5 Wie oft hilfst du im Haushalt?

6 Wie oft kochst du?

7 Wie oft gehst du einkaufen?

8 Wie oft machst du Hausaufgaben?

9 Wie oft hast du Deutschunterricht?

10 Wie oft ißt du etwas in der Schule?

immer	————————————
meistens, normalerweise	—— —— ————
regelmäßig	- - - - - - - - - - - -
oft, öfters	— — — — —
manchmal, ab und zu	— — — —
selten, fast nie	— —
nie	

Ißt du etwas in der Schule?
Was?
Kaufst du es in der Schule oder bringst du es von zu Hause mit?

Interview mit Henning 📼 7.3

Erweiterung

ALKOHOL

Was ist was?

a Bier   b Rotwein   c Champagner   d Martini

Hast du Alkohol getrunken? 🎞 4

Was für Alkohol haben Maik, Nadja, Ingo und Nina getrunken?

Spanien	**Woher kommt das?**	**Was kostet das ungefähr?**
Italien	1 Bier kommt aus Deutschland, England, Australien...	1 Bier kostet ungefähr ... die Flasche.
Schottland	2 Martini kommt aus Italien.	2 Rotwein...
Frankreich	3 Champagner...	3 Whisky...
Irland	4 Rotwein...	4 Sprudel...
Rußland	5 Sherry...	5 Wodka...
	6 Wodka...	6 Martini...
	7 Whisky...	

IN DER IMBISS-STUBE

Der „Zagreb"-Grill ist eine Imbißstube in Essen. Ein Schweinesteak mit Pommes frites kostet fünf Mark neunzig. Was kostet ein Rumpsteak mit Salat? Und ein Fischfilet mit Kartoffelsalat? Was möchtest du essen?

Der „ZAGREB"-GRILL

ROTTSTRASSE

empfiehlt Ihnen:
Mittag- & Abendtisch

Aus unserer reichhaltigen Speisekarte hier einige Top-Angebote:

Große gemischte Salatplatte	4.⁵⁰
Große gemischte Salatplatte mit Thunfisch u. Ei	6.⁵⁰
Schaschlik mit Kartoffel- oder Nudelsalat	4.⁹⁰
Fischfilet mit Kartoffelsalat	4.⁹⁰
Zagreb-Braten (3 Koteletts am Spieß) mit Bauchspeck u. Pommes frites	8.⁹⁰
Leber vom Grill mit Pommes frites u. Krautsalat	4.⁹⁰
Schweinesteak mit Pommes frites	5.⁹⁰
4 Lammkoteletts mit Kräuterbutter u. Pommes fr.	8.⁹⁰
Portion Gyros mit Pommes frites u. Zwiebeln	7.³⁰
Cevapcici mit Pommes frites und Zwiebeln	5.⁹⁰
Holst. Schnitzel mit Spiegelei u. Kroketten	7.⁹⁰
3 Medaillons mit Kräuterbutter, Pommes fr. u. Krautsalat	7.⁹⁰
Jäger- o. Zigeunerschnitzel m. Pommes fr. u. Balkansalat	8.⁹⁰
Rumpsteak (220g) mit Salat	10.⁹⁰

Dauerangebote! Alle Gerichte auch zum Mitnehmen.

Zusammenfassung

das Essen (-)	food, meal	das schmeckt sehr gut	this tastes very good
das Frühstück	breakfast	die Chips/Kartoffelchips (Pl)	crisps
zum Frühstück	for breakfast	die Pommes frites (Pl)	chips, French fries
der Honig	honey	die Pommes (Pl) (Slang)	chips, French fries
der Kaffee	coffee	die Tomatensuppe	tomato soup
der Kakao	chocolate milk, cocoa	die Schokolade	chocolate
der Käse	cheese	alles	everything
der Quark	soft curd cheese, quark	nichts	nothing
der Sprudel	fizzy mineral water	etwas (Kurzform: was)	something
der Tee	tea	kaufen	to buy
der Toast	toast	bringen	to bring, to take
die Butter	butter	*mit*bringen	to bring sth with one
die Cola	cola	zu Hause	at home
die Marmelade	jam	von zu Hause	from home
die Milch	milk	immer	always
die Scheibe (-n)	slice	meistens	mostly
eine Scheibe Brot	a slice of toast	normalerweise	normally
die Schnitte (-n)	sandwich	regelmäßig	regular, regularly
die Tasse (-n)	cup	oft/öfters	often
eine Tasse Kaffee	a cup of coffee	manchmal	sometimes
das Brot (-e)	bread, loaf; sandwich	selten	seldom, rarely
das Brötchen (-)	bread roll	nie	never
das Butterbrot (-e)	sandwich	fast	almost
das Glas (¨er)	glass	fast nie	hardly ever
ein Glas Milch	a glass of milk	auf	on
das Stück (-e)	piece	oder	or
ein Stück Käse	a piece of cheese	der Gast (¨e)	guest
das Wasser	water	das Müesli	muesli
ich möchte	I'd like (a...)		
(einen/eine/ein...)			
guten Appetit	enjoy your meal		
gleichfalls	the same to you		
reichen	to pass (sth to sb)		
reichst du mir die Milch?	will you pass me the milk?		
danke	no thank you		
bitte (schön)	here you are (when giving things to people)		
schmecken	to taste, to taste good		

der Reis	rice
der Stuten	a kind of sweet loaf (regional word)
die Nudel (-n)	noodle, pasta
das Knäckebrot	crispbread
ab und zu	from time to time
der Alkohol	alcohol
hast du Alkohol getrunken?	have you ever drunk alcohol?
ich habe ... getrunken	I have drunk ...
der Wein	wine
der Rotwein	red wine
der Weißwein	white wine
das Bier	beer
die Imbißstube (-n)	snack-bar
der Salat (-e)	salad
der Kartoffelsalat	potato salad
das Schweinesteak	pork steak
kosten	to cost
ungefähr	approximately
woher kommt das?	where does this come from?
aus Deutschland	from Germany
Frankreich	France
Irland	Ireland
Italien	Italy
Rußland	Russia
Schottland	Scotland
Spanien	Spain

Geld

DEUTSCHES GELD

1 Pf. = ein Pfennig

2 Pf. = zwei Pfennig

5 Pf. = fünf Pfennig

10 Pf. / DM 0,10 = zehn Pfennig

50 Pf. / DM 0,50 = fünfzig Pfenning

DM 1,– = eine Mark

DM 2,– = zwei Mark

DM 5,– = fünf Mark

DM 10,– = zehn Mark

DM 20,– = zwanzig Mark

DM 50,– = fünfzig Mark

Das macht
zusammen
DM 88,68
(achtundachtzig Mark
achtundsechzig).

```
PENNY MARKT

KRANENBURG GROSSE STR.10-18

TUETE PAPRIKA CHIPS
PACKUNG KNAECKEBROT        0,69
DOSE COCA COLA             0,79
FLASCHE SPRUDEL            0,59
GLAS BIENENHONIG           1,19
PACKUNG MARKENBUTTER       1,99
TUETE TOMATENSUPPE         1,69
BECHER QUARK 20%           1,59
                          0,69

SUMME DM              ------------
MWST 15,00%                9,22
MWST 7,00%                 0,24
GEGEBEN     DM             0,49
RUECKGELD DM             10,00
                          0,78

102 008/00294 31.05.95 15:37

DANKE FUER IHREN EINKAUF
```

der Becher
die Dose
die Flasche
das Glas
die Packung
die Tüte

Was kostet ein/eine/ein...?

Was kostet das im Zug?

1 eine Dose Fanta

2 eine Packung Leibniz Butterkekse

3 eine Dose Pils

4 eine Flasche Mineralwasser

5 ein Kännchen Tee

6 eine Bockwurst mit Brot und Senf

7 eine Flasche Dujardin „Imperial"

8 eine Brotschnitte mit Salami

9 eine Packung Schokolade

10 eine Dose Export

Mein Geld, dein Geld

1 Wie viele Pence/Cents ist eine Mark
   heute wert? Schlage in der Zeitung nach!

2 Etwa wie viele Mark sind sechs Pfund/Dollar?

3 Wenn du zehn Pfund/Dollar Taschengeld
   hast, wie viele Mark sind das?

4 Wie viele Pfund oder Dollar sind fünfzig Mark?

5 Deutschland hat die Deutsche Mark.
   Was für Geld haben Österreich und
   die Schweiz? Schlage in der Zeitung nach!

Essen und Trinken an Ihrem Platz

Welche Möglichkeiten Sie in diesem Zug haben,
unser Angebot zu nutzen, finden Sie im Faltblatt
„Ihr Zugbegleiter".
✗ und 🍴 steht für Züge mit Zugrestaurant.
🍸 steht für Züge mit minibar-Service ohne Zugrestaurant.
Unser minibar-Verkäufer kommt auch zu Ihnen und hält
Erfrischungen für Sie bereit.

	D in Deutschland DM	CH in der Schweiz Sfrs.	A in Österreich Ö.S.	NL in den Niederlanden hfl.	F in Frankreich FF	B in Belgien FB
Kleine Gerichte						
Bockwurst, Scheibe Brot, Senf	3,50	3,—	25,—	4,10	12,20	76,—
Wurst Baguette oder Käse Baguette	3,50	3,—	25,—	4,10	12,20	76,—
Herzhafte Brotschnitte, schmackhaft belegt mit Salami oder Käse	3,50	3,—	25,—	4,10	12,20	76,—
Heiße Getränke						
Kännchen Kaffee mit löslichem Kaffee	4,45	3,80	32,—	5,20	15,50	96,—
Kännchen Tee	4,45	3,80	32,—	5,20	15,50	96,—
Kännchen entcoffeinierter Kaffee (HAG) mit löslichem Kaffee	4,45	3,80	32,—	5,20	15,50	96,—
Süßwaren						
Packung Ritter-Sport-Schokoladen-Täfelchen (150 g)*	2,90	2,50	21,—	3,40	10,10	63,—
Packung Leibniz Butterkekse (8 Stück)	1,40	1,20	10,—	1,65	4,90	30,—
Zwei Scheiben Marmorkuchen	2,65	2,30	19,—	3,10	9,20	57,—
Packung Schoko-Leibniz Mini (8 Stück)	1,80	1,55	13,—	2,10	6,30	39,—
Getränke						
Dose Pils 0,5 l	3,20	2,75	23,—	3,75	11,10	69,—
Dose Export 0,33 l	2,70	2,30	19,—	3,15	9,40	58,—
Flasche Apollinaris Mineralwasser 0,33 l	2,60	2,25	19,—	3,05	9,10	56,—
Dose Pepsi-Cola 0,33 l	2,60	2,25	19,—	3,05	9,10	56,—
Dose Fanta 0,33 l	2,60	2,25	19,—	3,05	9,10	56,—
Dose Florida Boy Orange (ohne Kohlensäure) 0,33 l	2,60	2,25	19,—	3,05	9,10	56,—
Spirituosen						
Jägermeister 2 cl	3,10	—	—	—	—	—
Doornkaat 2 cl	2,90	—	—	—	—	—
Weinbrand Dujardin „Imperial" 2 cl	3,—	—	—	—	—	—
Zigaretten (Automat.-Packg.)*	4,60	—	—	—	—	—

TASCHENGELD

Bekommst du Taschengeld? 🎞 1

Wer von diesen neun Personen (Uta, Maik, Nadja, Nina, Andreas, Akiko, Corinna, Florence und Ingo) sagt diese acht Sätze?

👀

bekommen

durchschnittlich

wenn ich etwas haben will .

die Oma

die Eltern

dran sein

1 zwanzig Mark von meiner Oma und zehn Mark von meinen Eltern

3 vierzig Mark im Monat

2 zehn Mark im Monat

4 kommt drauf an, wie meine Eltern dran sind, so fünfzig, sechzig Mark im Monat

5 ich bekomme zehn Mark pro Monat

6 viel zu wenig

7 fünf Mark die Woche, und sonst, wenn ich etwas haben will

8 sechs Mark in der Woche

WIEVIEL TASCHENGELD BEKOMMST DU?

| Ich bekomme | fünf/zehn | Mark | pro / die / in der | Woche |
| Ich bekomme | zwanzig/dreißig | Mark | pro / im | Monat |

eine Herren!

Wieviel Taschengeld bekommen sie? 🖭 1

👀 das meiste

1 Wer bekommt durchschnittlich vierzig Mark im Monat?

2 Wer bekommt fünf Mark pro Woche?

3 Wer bekommt zehn Mark pro Monat?

4 Wer bekommt sechs Mark pro Woche?

5 Wer bekommt Geld, wenn er etwas haben will?

6 Wer bekommt Geld von der Oma?

7 Wer bekommt das meiste?

8 Wer sagt nicht, wieviel sie bekommt?

Was machst du mit deinem Geld?
Was kaufst du von deinem Geld?

Welcher Satz gehört zu welchem Bild?

1 Ich spare mein Geld.

2 Ich kaufe Ohrringe.

3 Ich kaufe Platten und CDs.

4 Ich kaufe Kassetten.

5 Ich kaufe Zeitschriften.

6 Ich gehe ins Kino.

Interviews über Taschengeld 📼 2 8.1

Es gibt sechs Grundfragen:

Bekommst du Taschengeld?

Wieviel?

Was machst du damit (= mit deinem Geld)?

Was kaufst du von deinem Taschengeld?

Ist das alles, was du hast?

Hast du einen Job?

...und es in die Luft zu schmeißen, daß es mir auf die Glatze prasselt.

BEISPIEL: DAS INTERVIEW MIT UTA

- Bekommst du Taschengeld, Uta?
- Ja.
- Wieviel?
- Viel zu wenig.
- Was machst du damit?
- Ich kauf' mir Süßigkeiten beim Hausmeister.
- Ist es alles, was du hast oder hast du auch einen Job dazu?
- Ich bring' Zeitungen herum.

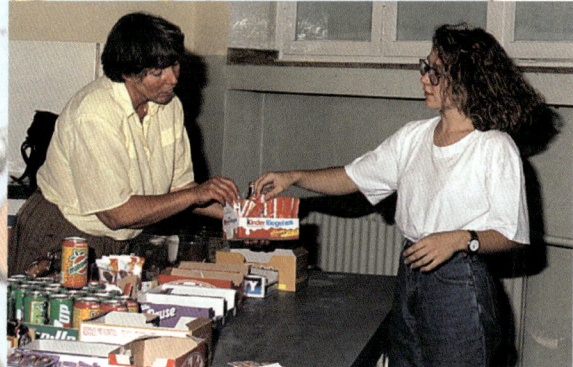

Uta sagt, sie bekommt viel zu wenig Taschengeld. Sie kauft Süßigkeiten beim Hausmeister. Das ist nicht alles, was sie hat. Sie hat einen Job. Sie bringt Zeitungen herum.

Wieviel bekommen Maik, Nadja, Nina, Andreas, Akiko, Corinna, Florence und Ingo?
Was machen sie mit ihrem Geld?

PRÄPOSITIONEN MIT DEM DATIV

Vier Beispiele: **bei**, **mit**, **von**, **zu**

Uta kauft Süßigkeiten bei**m** (= **bei dem**) Hausmeister.
Sie kauft Süßigkeiten vo**m** (= **von dem**) Taschengeld.
Henning geht zu**m** (= **zu dem**) Bahnhof.
Uta fährt mit dem Zug zu**r** (= **zu der**) Schule.
Corinna bekommt fünf Mark vo**m** (= **von dem**) Opa.
Sie bekommt Feriengeld **von der** Oma.

Nadja sagt: „Ich wasche das Auto **von** mein**en** Eltern." (Plural)

SO KANNST DU ÜBER DEIN GELD SPRECHEN

| ich kaufe | Zeitschriften, Comics
Platten, CDs, Kassetten, Videos
Süßigkeiten, Schokolade
Computererweiterungen
Dinge des täglichen Lebens
Ohrringe
alles mögliche
alles, was meine Eltern nicht bezahlen
nichts | von meinem Geld |

| ich spare | mein Geld
für die Ferien |

| ich bekomme/kriege | Geld | von meinem Opa/Vater/Onkel/Bruder
von meiner Oma/Mutter/Tante/Schwester
von meinen Eltern/Großeltern |

ich habe   einen Job
           keinen Job

ich wasche das Auto von meinen Eltern

ich bringe Zeitungen herum =
ich trage Zeitungen aus

ich arbeite   in einem Laden
              an einer Tankstelle
              in einer Fabrik
              in einem Restaurant
              in einem Hotel
              bei Woolworth
              bei McDonalds, usw.

Bekommst du Taschengeld?
Wieviel Taschengeld bekommst du?
Was machst du damit?
Was kaufst du von deinem Geld?
Ist das alles, was du hast?
Hast du einen Job?

EINKAUFEN

Henning geht einkaufen. Florence geht einkaufen   8.2 1

👀   wenn es sein muß   das Ei   der Schinken

Das ist doch falsch! Kannst du den Text korrigieren?

Henning geht manchmal für seine Eltern einkaufen.
Donnerstags geht er immer Eier holen. Er kauft auch Brot,
Käse, Margarine, Wurst, Schokolade und Schinken.

Florence geht selten für ihre Eltern einkaufen.
Normalerweise geht sie mittwochs nach der Schule.
Sie kauft nur Brot.

Was sagt man beim Einkaufen? Henning in der Bäckerei

3

VERKÄUFERIN	Bitte schön!
HENNING	Sechs Brötchen, bitte.
VERKÄUFERIN	Normale?
HENNING	Zwei normale, zwei Mohn und zwei Sesam.
VERKÄUFERIN	Sonst noch etwas?
HENNING	Nein, danke. Was macht das?
VERKÄUFERIN	Zwei Mark vierzig, bitte.
HENNING	Bitte.
VERKÄUFERIN	Danke schön. Auf Wiedersehen!
HENNING	Wiedersehen!

Was sagt man beim Einkaufen? Florence im Supermarkt 4

VERKÄUFER	Bitte sehr!
FLORENCE	Ein halbes Pfund Edamer, bitte.
VERKÄUFER	Bitte. Sonst noch etwas?
FLORENCE	Ja. Haben Sie Emmentaler da?
VERKÄUFER	Ja, Emmentaler haben wir. Wieviel möchtest du?
FLORENCE	Hundert Gramm, bitte.
VERKÄUFER	Am Stück oder geschnitten?
FLORENCE	Am Stück.
VERKÄUFER	Darf es ein bißchen mehr sein?
FLORENCE	Ja, OK. Ich möchte auch hundert Gramm Leberwurst und hundert Gramm Salami.
VERKÄUFER	Bitte schön. Sonst noch etwas?
FLORENCE	Nein, danke. Das wär's.

Was hast du gekauft? 8.2 2

Erweiterung

INTERVIEW MIT CAROL 5

Carol Manning kommt aus England und ist zum ersten Mal in Deutschland. Sie wohnt einige Tage bei einer deutschen Familie. Sie hat sechzig Mark Taschengeld dabei. Sie kauft Schokolade, Süßigkeiten, Ansichtskarten, Briefmarken, Eis, Snickers und Geschenke für ihre Familie. Sie schreibt auf, was sie kauft:

Was hat sie gekauft? Wieviel macht das? Carol hat jetzt DM 4,15. Was ist das Problem? Höre der Kassette gut zu und versuche, das Problem zu lösen.

Montag — Schokolade DM 1,40 / 5 Ansichtskarten DM 2,- / 5 Briefmarken DM 4,-
Dienstag — Eis DM 1,20 / Süßigkeiten DM 2,-
Mittwoch — Eis DM 1,50
Donnerstag — Geschenk für Mutti (Vase) DM 9,95 / Geschenk für Vati (Schokolade) DM 4,-
Freitag — Geschenk für Jason (Poster) DM 9,- / Eis DM 1,10
Samstag — Geschenk für Kelly (T-shirt) DM 11,90 / Snickers DM 0,80
Sonntag — Eis DM 2,-

WENN	das Wetter **ist** schön	Ich gehe schwimmen, wenn das Wetter schön **ist**.
	die Schule **ist** aus	Ich fahre nach Hause, wenn die Schule aus **ist**.
	ich **habe** Zeit	Ich mache Jobs, wenn ich Zeit **habe**.
	ich **fahre** nicht **weg**	Ich mache Jobs, wenn ich nicht **wegfahre**.

Wenn, wenn, wenn

ich habe zehn Mark	Ich gehe ins Kino, wenn…
ich habe keine Hausaufgaben	Ich gehe schwimmen, wenn…
das Wetter ist gut	Ich treibe Sport, wenn…
ich habe kein Geld	Ich gehe nicht in die Disco, wenn…
ich gehe ins Bett	Ich lese, wenn…

Zusammenfassung

der Pfennig (-)	Pfennig	**wenig**	little, not much
die Mark (-)	Mark	**das meiste**	the most
das Geld	money	**der Ohrring (-e)**	ear-ring
das Taschengeld	pocket money	**die CD (-s)**	CD
was kostet das?	what does that cost?	**die Kassette (-n)**	cassette
das macht zusammen…	that makes … altogether	**die Schallplatte/Platte (-n)**	record
heute	today	**die Zeitschrift (-en)**	magazine
die Zeitung (-en)	newspaper	**das Video (-n)**	video (i.e. a recording)
Zeitungen *aus*tragen (ä)	to do a paper round	**die Süßigkeiten (Pl)**	sweets
ich trage Zeitungen aus	I do a paper round	**damit**	with it
Österreich	Austria	**alles**	everything, all
die Schweiz	Switzerland	**der Job (-s)**	job
bekommen	to get	**der Laden (¨)**	shop
kriegen (Slang)	to get	**sparen**	to save (up)
wieviel?	how much?	**ich spare für einen**	I'm saving for a
wie viele?	how many?	**Computer**	computer
was für…?	what kind of…?	**arbeiten**	to work
der Onkel (-)	uncle	***weg*gehen**	to go out
der Opa (-s)	granddad	**ich gehe abends weg**	I go out in the evenings
die Oma (-s)	grandma	**jetzt**	now
die Tante (-n)	aunt	**auf Wiedersehen**	goodbye
die Eltern (Pl)	parents	**nicht mehr**	no longer,
viel	a lot, much		not any longer
zu	too	**nichts**	nothing

ein bißchen	a bit, a little
sonst noch etwas?	anything else?
das ist zwei Mark wert	it's worth two Marks
alles mögliche	all kinds of things (literally: everything possible)
im Moment	at the moment
das Ding (-e)	thing
bezahlen	to pay, to pay for sth
hatte	had
irgendetwas/irgendwas	something, something or other
der Rest	rest, remainder
das Feriengeld	holiday money
das Ei (-er)	egg
der Schinken (-)	ham
die Bäckerei (-en)	bakery, baker's shop
die Fabrik (-en)	factory
die Tankstelle (-n)	petrol station
das Hotel (-s)	hotel
das Restaurant (-s)	restaurant
ich habe ... gekauft	I bought, I have bought ...
ich habe einen Computer gekauft	I (have) bought a computer
die Ansichtskarte (-n)	picture postcard
das Geschenk (-e)	present
Zeit haben	to have time (to do sth)
die Schule ist aus	school is over
nach Hause fahren	to go home (by vehicle)

Wohnen

ESSEN

Liegt das in Essen?

Siehe den Stadtplan von Essen auf Seite 25!

Liegt Frillendorf in Essen?	Ja, das liegt in Essen.
Liegt Niendorf in Essen?	Nein, das liegt nicht in Essen.
...	...

Ebenso mit: Haarzopf, Stadtwald, Kray, Benrath,
Aplerbeck, Altenessen, Dahlhausen, Holsterhausen, Schonnebeck.

Wo liegt das?

Altenessen liegt im Norden von Essen. Heidhausen liegt im Süden.

Steele liegt im Osten. Fulerum liegt im Westen.

Kettwig liegt im Südwesten von Essen. Schonnebeck liegt im Nordosten.

Wo liegen Schönebeck, Werden, Dellwig, Kupferdreh und Katernberg?

Wer wohnt wo?

Wer von der 8b wohnt in Steele? Wer wohnt in Stadtwald? Wer wohnt in Frillendorf?

Die Innenstadt

Die Luisenschule liegt am Bismarckplatz in der Innenstadt von Essen, nicht weit vom Hauptbahnhof. Der Bismarckplatz hat eine U-Bahn-Station von der Linie U-18. In Essen kann man gut einkaufen, zum Beispiel in der Kettwiger Straße.

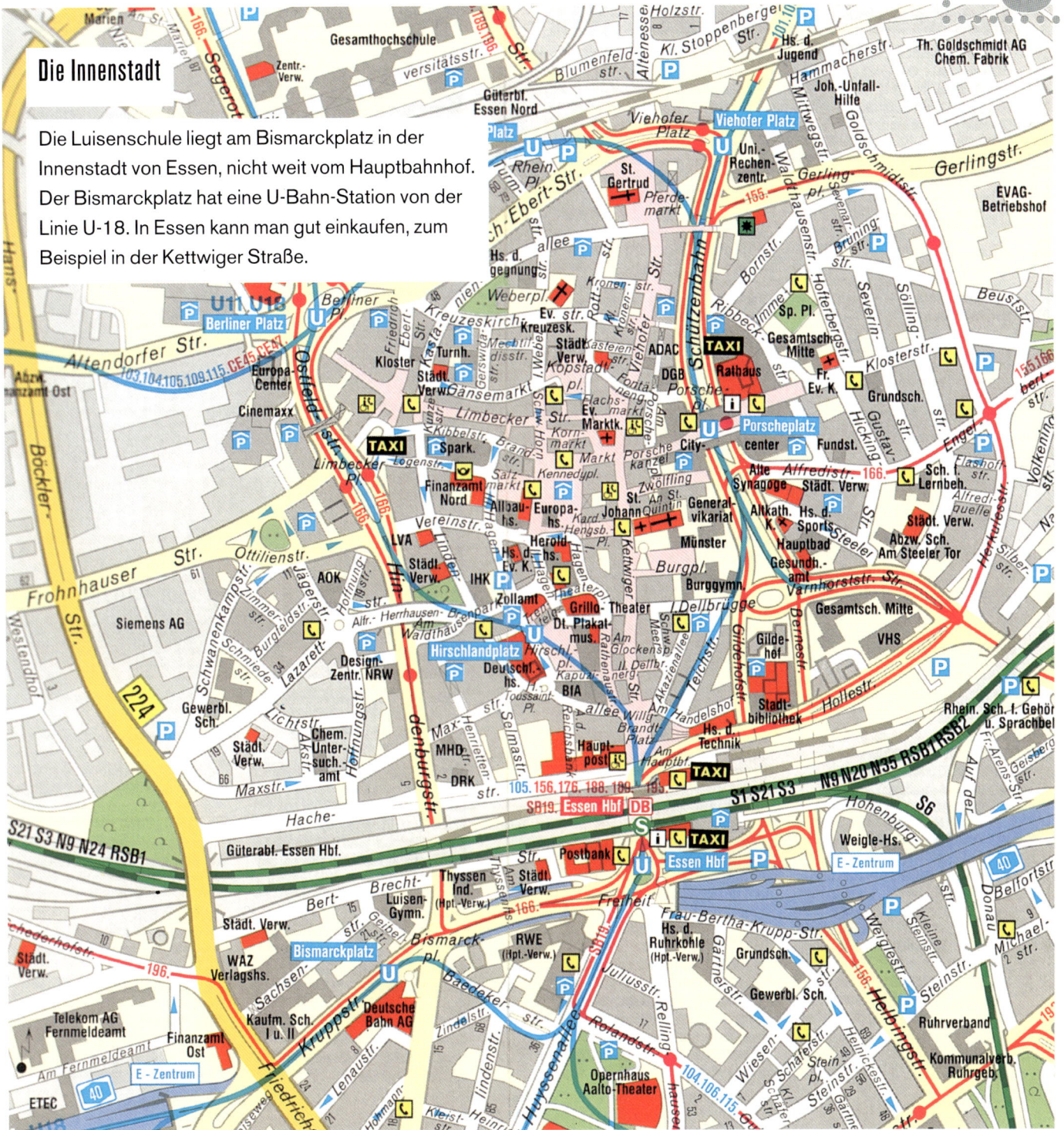

Wo liegt die Hauptpost?	In der Hachestraße
Wo liegt die Stadtbibliothek?	In der …
Wo liegt das Deutsche Plakatmuseum?	…
Wo liegt das Finanzamt Ost?	…
Wo liegt die Alte Synagoge?	…
Wo liegt das Rathaus?	Am Porscheplatz
Wo liegt das Europahaus?	…
Wo liegt das Grillo-Theater?	…
Wo liegt das Haus der Technik?	…

Bilder von Essen

ESSEN FÜR TOURISTEN

2 die Münsterkirche

3 die Gruga

1 das Rathaus

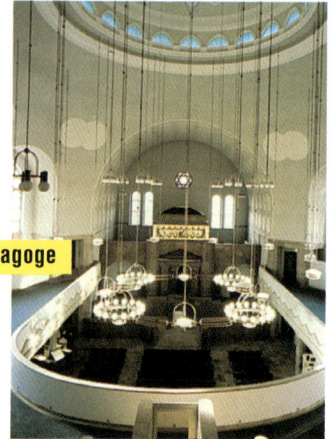

4 die Alte Synagoge

DER ESSENER NORDEN

5 ein Zechenhaus/Bergwerkhaus

6 eine Kokerei

7 eine Siedlung

8 ein Spielplatz

9 ein Hallenbad

DER ESSENER SÜDEN

10 der Baldeneysee

11 Essen-Kettwig

12 Essen-Werden

Eine Stadtrundfahrt 🔊 1

Ihr hört den Kommentar einer Stadtrundfahrt durch Essen.
Sucht die Fotos aus, die zu diesem Kommentar passen!

Richtig oder falsch?

Hört die Kassette noch einmal an! Sind diese Sätze richtig oder falsch? Schreibt R oder F!

1 Essen ist eine moderne Großstadt.

2 In Essen sind nur Industrie, Kohle und Schmutz.

3 Die Münsterkirche stammt aus dem Jahr 850.

4 Die Goldene Madonna ist 900 Jahre alt.

5 Die Alte Synagoge ist auch in der City.

6 Das Rathaus hat 23 Etagen.

7 Es ist 106 Meter hoch.

8 Die Gruga ist ein großer Park.

Wo wohnst du in Essen? 🔊 2 | 9.1 |

Einfamilienhaus

Hochhaus

Wohnung

DIE FRAGEN

Wo wohnst du in Essen? / In welchem Stadtteil wohnst du?

Kannst du etwas davon/darüber sagen?

Wie ist es, da zu wohnen?

Könntest du mir etwas über die Gegend sagen?

Magst du den Vorort?

Wer sagt das? Ingo, Maik, Akiko oder Corinna? Schreibe I, M, A oder C.

👀

das Grün
der See
die Leute
dreckig
überall
das Freibad
verschieden
offen
es geht noch
die Fabrik

1 Es gibt viel Grün und auch einen See.

2 Es gibt Einfamilienhäuser aber auch Hochhäuser.

3 Die meisten Leute sagen immer: „Der Norden ist ein bißchen dreckig."

4 Überall alles grün.

5 Grünanlagen, Sportanlagen, Freibad, auch ein Hallenbad.

6 Das ist verschieden.

7 Da ist nur noch eine Kokerei offen.

8 Altenessen geht noch. Vogelheim ist ganze Fabriken.

9 Es ist also nicht mehr so dreckig.

10 Zechenhäuser.

Was kannst du sagen oder schreiben? Hört die Kassette noch einmal an.

1 Maik wohnt in…

   Es gibt…

2 Akiko wohnt in…

   Es gibt…

3 Corinna wohnt in…

   Es gibt…

4 Ingo wohnt in…

   Die meisten Leute sagen: „…"

   Es gibt…

   Es ist nicht mehr…

SO KANNST DU ÜBER DEINE GEGEND SPRECHEN

Ich wohne in...

Das ist ein Stadtteil von...
Das ist ein Vorort von...
Das ist ein Dorf nicht weit von...

Es ist (ziemlich) groß/klein

Es gibt Häuser/Einfamilienhäuser/Doppelhäuser/Reihenhäuser/Bungalows/Hochhäuser

Es gibt einen Park/viel Grün/ein Hallenbad/ein Freibad...

Die meisten Leute sagen, ... ist schön/hübsch/langweilig/häßlich/dreckig

Das stimmt auch / das stimmt nicht

Ich wohne gern / nicht gern hier

Interviewe deinen Partner / deine Partnerin:
Wo wohnst du?
Was gibt es da?

Wo wohnst du?
Was für eine Gegend ist das?
Wohnst du gern da?

Nadja wohnt in Mülheim

Was sagt Nadja? Was sagt sie nicht? Dieser Text ist zu lang! Nadja sagt nicht so viel. Schreibe alles auf, was Nadja **nicht** sagt!

Ich wohne in Mülheim, nicht in Essen, das ist die Nachbarstadt von Essen im Westen. Die Stadt ist etwas kleiner, hat etwa 170 000 Einwohner und ist schon ziemlich alt und schön, die Stadt. Sie ist nicht dreckig. Abends gehe ich nicht nach Mülheim; ich gehe meistens nach Essen oder Düsseldorf. Ich kenne da viel mehr Leute. Ich gehe auch in Essen in die Disco und in die Schule.

HAUS, WOHNUNG, ZIMMER

Was für ein Haus hat deine Familie?

Wir haben ein...

der Bungalow

das Doppelhaus

das Einfamilienhaus

das Reihenhaus

Haus oder Wohnung? 3

Auf der Kassette hört ihr Akiko, Nina, Maik, Andreas, Ingo und Corinna.

1 Wer hat ein Einfamilienhaus?

2 Wer hat eine Wohnung?

Wie ist das Haus?

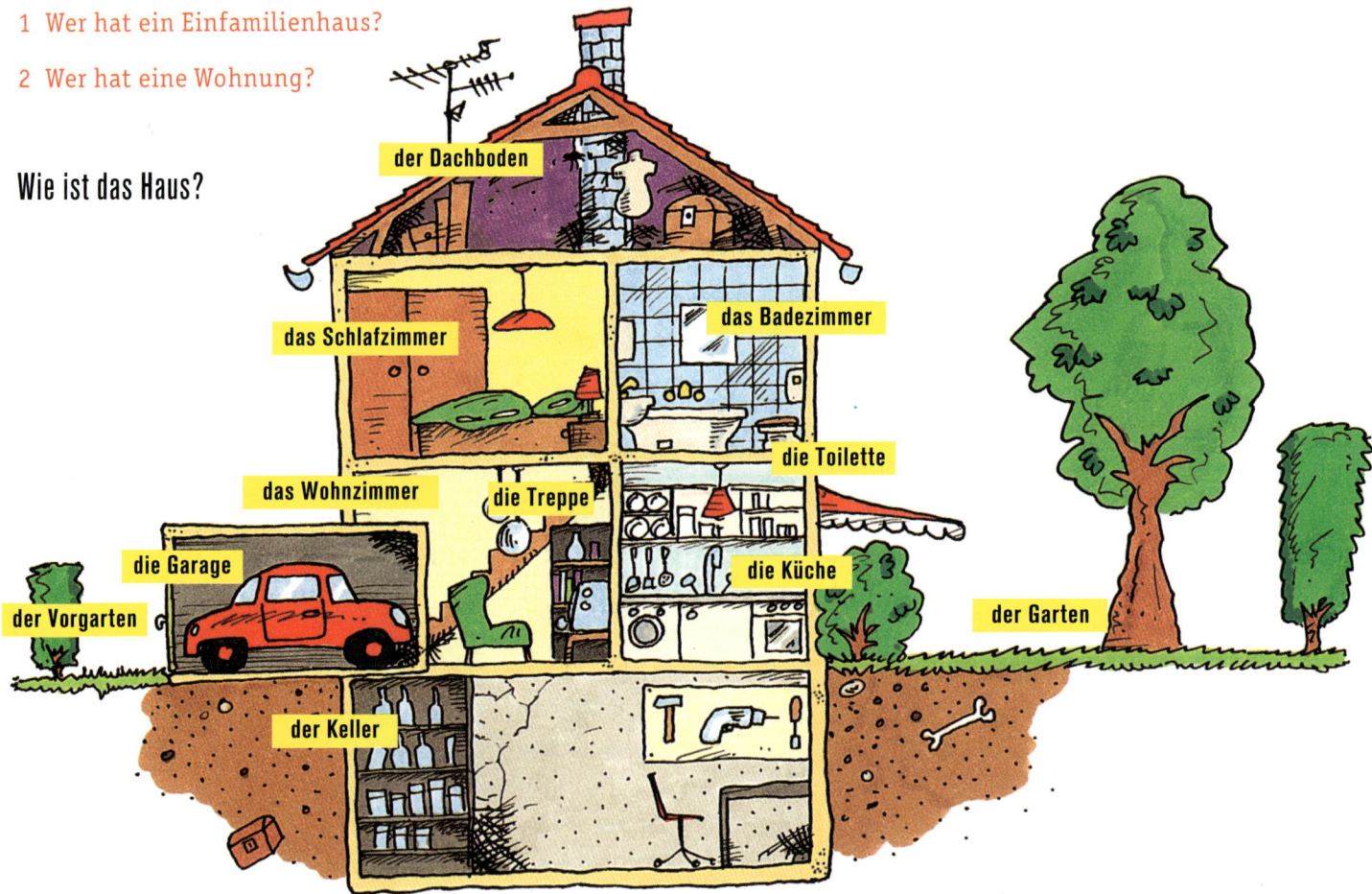

der Dachboden

das Schlafzimmer

das Badezimmer

die Toilette

das Wohnzimmer

die Treppe

die Küche

die Garage

der Garten

der Vorgarten

der Keller

Das Haus hat einen/eine/ein...

9.2

Ein eigenes Zimmer 🎞 4

Auf der Kassette hört ihr Maik, Akiko, Nina, Nadja, Ingo und Corinna.

1 Wer hat ein eigenes Zimmer?

2 Wer teilt ein Zimmer? Mit wem?

MIT + DATIV

Ich teile ein Zimmer mit

mein**em** Bruder

mein**er** Schwester

mein**en** zwei Brüder**n**

mein**en** zwei Schwester**n**

Hast du ein eigenes Zimmer?
Oder teilst du ein Zimmer? Mit wem?

Das ideale Zimmer? 👁👁

Was ist Nummer eins? Was ist Nummer zwei?

Was hast du in deinem Zimmer?

8 Wohnen

Mein Zimmer 🎞 5 9.3

📖

Wie ist das Haus von deiner Familie?

Hast du ein eigenes Zimmer?

Wie ist das Zimmer?

Was machst du in deinem Zimmer?

👫 9.4

Erweiterung 9.5 👀

WIE KOMME ICH ZU DIR?

Möchtest du Ingo, Nina und Henning besuchen?
Sie beschreiben hier den Weg. Du mußt mit dem Bus fahren,
und dann gehst du zu Fuß. Zeichne deinen Fußweg
auf den Plänen ein! Das Arbeitsblatt 9.5 hat Kopien der Pläne.

Hallo! Du fährst mit dem Bus zum Barbarossaplatz. Da steigst du um in den 186er. Du steigst an der vierten Haltestelle aus. Sie heißt Looscheid. Du gehst durch den Looscheid - immer geradeaus bis zum Erdpohlweg. Da biegst du links ein. Ich wohne Nummer 27. Ingo.

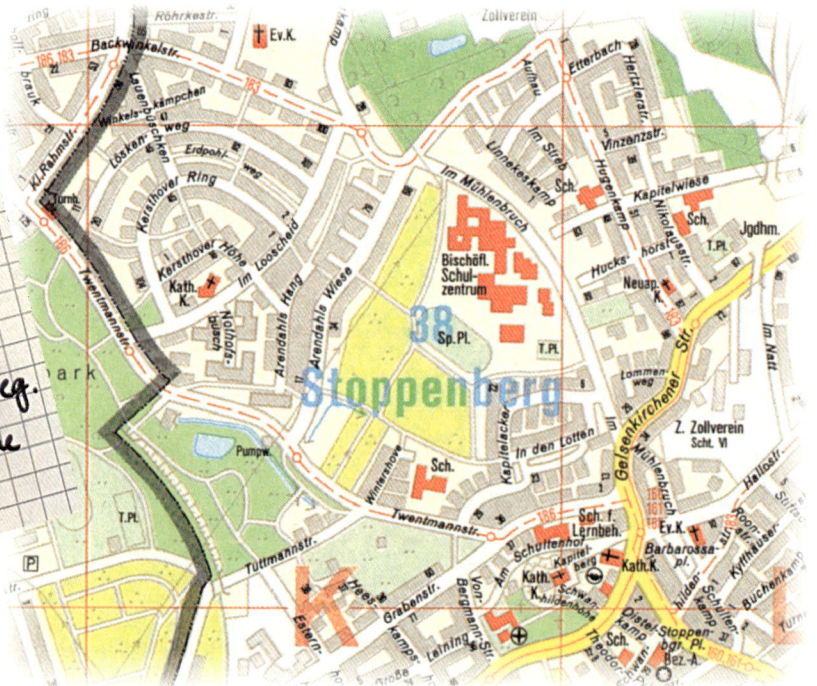

Du fährst mit der S-Bahn nach Steele und gehst die Krayer Straße entlang. Dann biegst du in die zweite oder dritte Straße rechts ein. Das ist die Fürstinstraße. Du gehst sofort nach links. Das ist die Bewerungestraße. Wir wohnen Nummer 50. Henning.

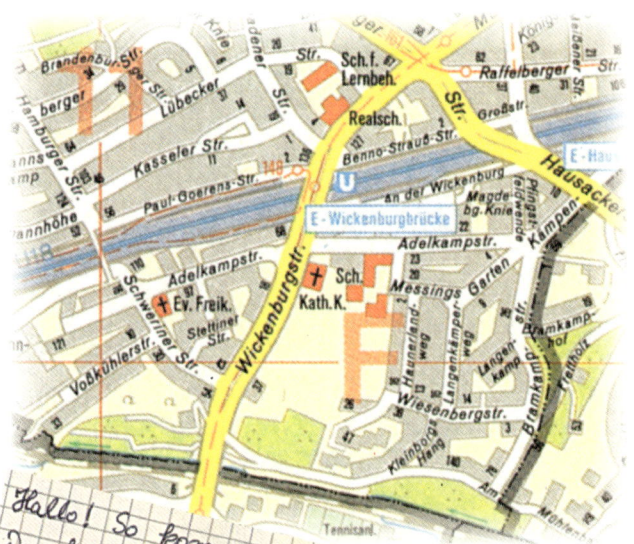

Hallo! So kommst Du zu mir: Du fährst mit der U-Bahn bis zur Wickenburgstraße. Du gehst die Wickenburgstraße entlang bis zur zweiten Straße rechts. Das ist die Schwerinstraße. Meine Straße ist die erste Straße links. Unser Haus ist Nummer 12. Nina

DER BALDENEYSEE ◉◉

Der Baldeneysee ist ein **Stausee**, der in den Jahren 1929 bis 1932 **entstand**. Der See ist zirka acht Kilometer lang, und die **Landschaft** rund um den See ist sehr schön. Viele **Wassersportwettbewerbe finden** hier **statt**. Es gibt Ruder-, Kanu- und Segelregatten. An Land kann man kann hier gut wandern und radfahren. Am See entlang führen Wander- und Radfahrwege. Nicht weit vom See sind interessante **Sehenswürdigkeiten** für Wanderer und Touristen – die Ruine Isenburg, die **Aussichtskanzel** und ein **Wildgehege**. Die Villa Hügel ist auch ganz **in der Nähe**. Da wohnte früher die Familie Krupp.

Richtig oder falsch?

1 Der Baldeneysee ist ein Meer.

2 Der Baldeneysee ist achtzig Jahre alt.

3 Der Baldeneysee liegt in der Innenstadt von Essen.

4 Es gibt Regatten auf dem Baldeneysee.

5 Es gibt interessante Sehenswürdigkeiten im See.

6 Die Familie Krupp wohnt heute in der Villa Hügel.

Was kannst du über Krupp herausfinden?

Zusammenfassung

zum Beispiel	for example	**wie?**	what ... like?
wo?	where?	**wie ist es, da zu wohnen?**	what is it like living there?
wohnen	to live (swh)	**dreckig**	dirty
liegen	to lie, be situated	**groß**	big
Essen liegt in Deutschland	Essen is (situated) in Germany	**häßlich**	ugly
im Norden	in the north	**hübsch**	pretty
im Osten	in the east	**klein**	small
im Süden	in the south	**langweilig**	boring
im Westen	in the west	**schön**	beautiful
der Bahnhof (¨e)	railway station	**das stimmt**	that's right
der Hauptbahnhof (¨e)	main railway station	**das stimmt nicht**	that's wrong
der Park (-s)	park	**der Dachboden (¨)**	attic, loft
der Platz (¨e)	square	**der Garten (¨)**	garden
am X-Platz	on X Square	**der Keller (-)**	cellar
der See (-n)	lake	**der Kleiderschrank (¨e)**	wardrobe
der Spielplatz (¨e)	playground	**der Schreibtisch (-e)**	desk
der Stadtteil (-e)	part/district of a town	**der Spiegel (-)**	mirror
der Vorort (-e)	suburb	**die Garage (-n)**	garage
die Bibliothek (-en)	library	**die Küche (-n)**	kitchen
die Gegend (-en)	area, district	**die Lampe (-n)**	lamp
die Innenstadt	city centre, town centre	**die Stereoanlage (-n)**	stereo, hi-fi (system)
die Kirche (-n)	church	**die Toilette (-n)**	toilet
die Linie (-n)	line, route	**die Treppe (-n)**	staircase, stairs
die Post	post-office	**das Badezimmer / das Bad**	bathroom
die Straße (-n)	street, road	**das Bett (-en)**	bed
in der X-Straße	in X Street	**das Flugzeug (-e)**	aeroplane
die U-Bahn-Station	underground station	**das Poster (-)**	poster
die Wohnung (-en)	flat, apartment	**das Regal (-e)**	set of shelves
das Bild (-er)	picture	**das Schlafzimmer (-)**	bedroom
das Dorf (¨er)	village	**das Wohnzimmer (-)**	living-room
das Einfamilienhaus (¨er)	detached house	**das Zimmer (-)**	room
das Freibad (¨er)	outdoor pool	**ein eigenes Zimmer**	a room of my/his/her own
das Hallenbad (¨er)	indoor pool	**die Möbel (Pl)**	furniture
das Haus (¨er)	house	**basteln**	to make (things using your hands)
das Rathaus (¨er)	town hall		
das Schwimmbad (¨er)	swimming-pool	**teilen**	to share
ich gehe ins Schwimmbad	I go to the swimming-pool	**ich teile ein Zimmer**	I share a room
das Theater (-)	theatre	**mit meinem Bruder**	with my brother
die Leute (Pl)	people		

die Siedlung (-en)	housing-estate
die Sportanlage (-n)	sports ground
ich gehe ins Theater	I go to the theatre
der Bungalow (-s)	bungalow
das Doppelhaus ("er)	semi-detached house
das Hochhaus ("er)	tall building, block of flats
überall	everywhere
offen	open
alt	old
gehören + Dat.	to belong to
das Haus gehört meiner Oma	the house belongs to my granny
besuchen	to visit
geradeaus	straight on
links	left, on the left
rechts	right, on the right

Kleidung und Musik

DIE KLEIDUNG

Was tragen sie?

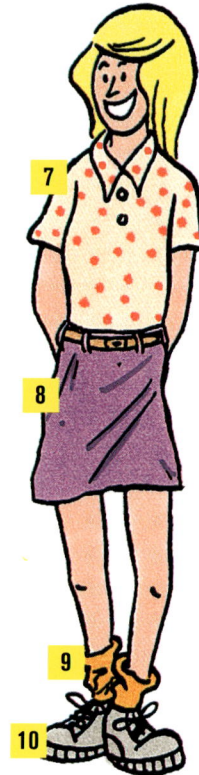

die Bluse (-n)

das Hemd (-en)

die Hose (Singular)

die Jacke (-n)

der Pullover
(Slang: der Pulli)

der Rock (¨e)

der Schuh (-e)

die Socke (-n)

der Sportschuh (-e)

der Strumpf (¨e)

Wie heißen die Sachen auf deutsch?

Schreibe das in dein Heft!

Ingo trägt eine Jacke,
ein Hemd, Jeans, Socken
und Schuhe.

Was trägt Stefanie?   Sie trägt…

Was trägst du heute?   Ich trage…

ich	trage	wir	tragen
du	trägst	ihr	tragt
er/sie/es	trägt	Sie/sie	tragen

Was hast du heute an? 🔲 1

Florence und Stefanie Rehahn sagen, was sie heute tragen.
Was ist richtig? Was ist falsch?

Florence trägt Jeans, ein Polohemd,

ein T-Shirt, einen Pullover, eine Bluse und Schuhe.

Stefanie trägt Jeans, einen Pullover, ein Hemd,

eine Jeansjacke, eine andere Jacke und eine Bluse.

Was ziehst du gerne an? 🔲 2

👀 die Kapuze

1 Wer zieht gern Jeans an?

2 Wer trägt gern Schuhe?

3 Wer zieht gern Pullover an?

4 Wer zieht Pullover nicht gern an?

5 Wer mag Kapuzen?

6 Wer mag Hemden?

7 Wer mag T-Shirts?

8 Wer trägt gern Blusen?

Sandra und Mark 👥 [10.1 1]

DIE FARBEN

rot

grün

blau

weiß

schwarz

gelb

braun

violett

grau

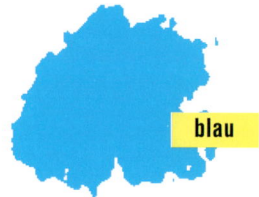

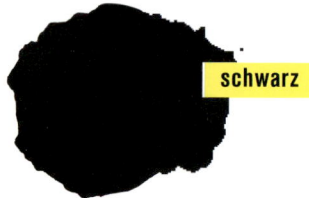

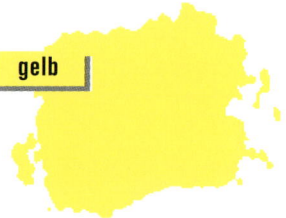

Was ist deine Lieblingsfarbe?

Meine Lieblingsfarbe ist...

Was für einen Pullover trägt dieser Schüler?	Er trägt ein**en** schwarz**en** Pullover.
Was für eine Jacke trägt er?	Er trägt ein**e** blau**e** Jacke.
Was für ein Hemd trägt er?	Er trägt ein weiß**es** Hemd.
Was für Schuhe trägt er?	Er trägt schwarz**e** Schuhe.
Was für einen Pullover hat er an?	Er hat ein**en** schwarz**en** Pullover an.
Was für eine Jacke hat er an?	Er hat ein**e** blau**e** Jacke an.

Was für einen Rock trägt diese Schülerin? →

Was für ein T-Shirt trägt sie?

Was für eine Jacke hat sie an?

Was für Strümpfe hat sie an?

...

Und diese Schülerin? →

Was haben sie an?

Corinna

Maik

Nadja

Tobias

Andreas

Patrick

Janning

Henning

Rollenspiele

Spiele die Rolle von Andreas. Was hast du heute an?

Spiele die Rolle von Corinna. Was hast du heute an?

...

Was ziehst du gerne an?

Hennings und Ingos Kleidung

10.1
2

weit

kariert

geblümt

eng

gestreift

gepunktet

MODE

Findest du die Mode wichtig? 🔲 3

Henning Hempel und Stefanie Rehahn sprechen über die Mode.

Wer ist das? Stefanie oder Henning? Schreibe S oder H!

1   ... kann die Sachen nur sechs Monate lang tragen.

2   ... sagt, man sollte nicht nach der Mode gehen.

3   ... sagt, weite Jeans sind modern.

4   ... möchte einen Ring kaufen.

5   ... möchte schwarze Jeans kaufen.

6   ... wächst im Moment sehr viel.

7   ... sagt, daß Doc Martens modern sind.

die Sache

ein halbes Jahr

wachsen

eigentlich

sich anziehen

nach der Mode gehen

weit

fest

Was trägst du gern? 👥 📖 👀

Findest du die Mode wichtig?

Was möchtest du gern kaufen?

SO KANNST DU DEINE MEINUNG SAGEN		
Ich trage gern Jeans	Ich finde enge Jeans modern	Ich finde die Mode sehr wichtig
weite Hosen	die Schuluniform altmodisch	total unwichtg
bedruckte T-Shirts	Turnschuhe praktisch	sehr interessant
	weiße Socken langweilig	total langweilig
usw.	*usw.*	*usw.*

Tausend Mark – für dich! 10.2

Mode, Mode, Mode!

Felix, 14 Jahre

„Ich trage Jeans, Skate-Schuhe, ein weißes T-Shirt und ein bedrucktes T-Shirt. Ich trage gerne sportliche Klamotten, denn die sind bequem."

...iam 15 Jahre

...trage ein schwarz-weißes ...d, einen Pullover, schwarze ...mpfe und Docs (leichte Schuhe ...dicker Sohle). Die Sachen sind ...uem und gefallen mir. Ich ändere ...nen Stil nicht oft."

Rena, 14 Jahre

„Ich meine, Kleider machen Leute. Mode ist für mich ziemlich wichtig. Im Moment trage ich Sachen im Stil der 60er Jahre: eine Sheag-Hose und einen schwarzen Rollkragen-Pulli."

Boris, 18 Jahre

„Die Wildlederjacke ist vom Trödelmarkt. Dazu trage ich braune Jeans, ein schwarzes Sweat-Shirt mit Schlafanzug-ärmeln und rot-braune Schuhe mit hohen Absätzen. Die Sachen verkör-pern etwas für mich, aber ich will nicht auffal-len oder Anerkennung ...cher..."

1. Welche Sachen hier trägst du auch?

2. Welche Sachen möchtest du tragen?

3. Welche nicht?

4. Was ist *jetzt* modern?

Fotos: Chris Ridley

MUSIK

Stefanie und die Musik 🎞 4

Schreibe A, B, C oder D!

1 Wie oft hört Stefanie Musik?

A zweimal in der Woche

B ab und zu

C öfters

D jeden Tag

2 Was für Musik hört sie gern?

A Popmusik

B Volksmusik

C klassische Musik

D Country-Musik

3 Was findet sie am besten?

A Schallplatten

B Kassetten

C CDs

D Videos

4 Wie viele Platten hat sie?

A zwanzig

B dreißig

C vierzig

D fünfzig

5 Wer kauft sie?

A sie

B ihre Mutter

C ihr Vater

D ihre Oma

6 Wieviel gibt sie im Monat für Musik aus?

A zwanzig Mark

B dreißig Mark

C vierzig Mark

D fünfzig Mark

Was für Musik magst du?

Hast du eine Lieblingsband / einen Lieblingssänger / eine Lieblingssängerin?

Kaufst du Kassetten, Schallplatten, CDs oder Musikvideos?

Kaufst du sie von deinem Taschengeld?

Wieviel gibst du für Musik aus?

SO KANNST DU DEINE MEINUNG SAGEN

Meine Lieblingsband ist „XYZ"

Meine Lieblingsband sind die „MNOs"

Mein Lieblingssänger ist...

Meine Lieblingssängerin ist...

Ich hasse...

Ich kaufe CDs/Kassetten/Schallplatten/Musikvideos

Ich kaufe sie von meinem Taschengeld

Meine Eltern kaufen sie für mich

Ich gebe ungefähr ... im Monat für Musik aus

Erweiterung

DIE HEARTSTOPPERS

Die Heartstoppers – das sind zwei Jungen und zwei Mädchen aus Hamburg. Alle vier gehen noch zur Schule, aber in ihrer Freizeit machen sie Musik, Musik, Musik! Seit einem Jahr spielen sie zusammen als Band. Ihr Stil ist Rockmusik mit ein bißchen Reggae.

Stefan Martin (15) spielt Leadgitarre und singt. Er sagt: „Ich finde es toll, in der Band zu sein. Wir sind alle gute Freunde, und unsere Konzerte machen echt Spaß. Wir spielen auch gut zusammen. Wir müssen aber viel üben – zweimal in der Woche nach der Schule. Gleich nach dem Unterricht gehen wir in den Keller, wo wir keinen stören!"

Iris Meßmer (15) spielt Schlagzeug. Sie sagt: „Es gibt nicht viele Schlagzeugerinnen, aber ich mache das unheimlich gerne. Die Band ist super, und ich hoffe, wir werden alle ganz große Rockstars!"

Michael Faber (16) spielt Baßgitarre. „Es ist toll, Bassist bei der Band zu sein! Ich möchte uns jeden Tag in MTV sehen! Die Kassetten von unserer Musik sind sehr gut, und die wollen wir jetzt an Plattenfirmen und Radiosender schicken. Ich hoffe, wir können bald eine CD machen."

Marion Kaschnitz (14) ist das jüngste Bandmitglied. Sie spielt Keyboard und singt. „Bald gibt es in Hamburg einen großen Rockmusikwettbewerb. Vielleicht haben wir eine Chance, den ersten Preis zu gewinnen. Dann werden wir berühmt!"

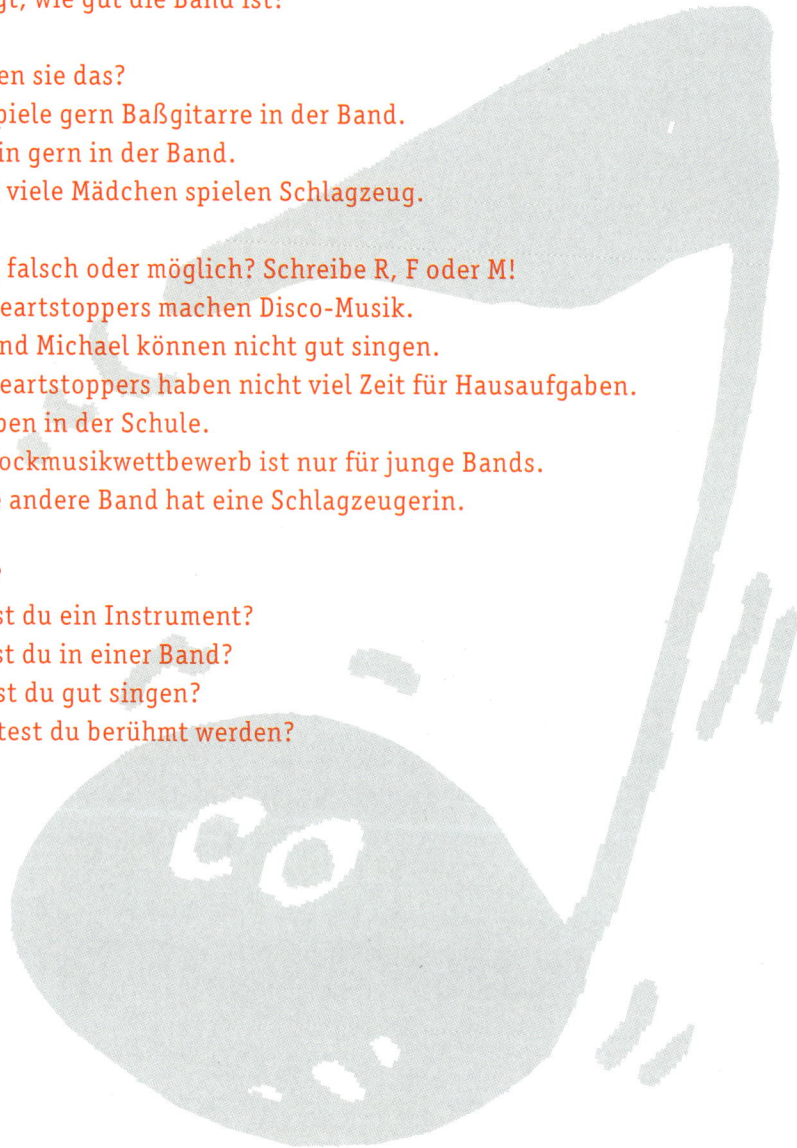

A. Wer von der Band...

   1 ... ist älter als die anderen?

   2 ... will ein Star werden?

   3 ... spielt Gitarre?

   4 ... sagt, wie gut die Band ist?

B. Wie sagen sie das?

   1 Ich spiele gern Baßgitarre in der Band.

   2 Ich bin gern in der Band.

   3 Nicht viele Mädchen spielen Schlagzeug.

C. Richtig, falsch oder möglich? Schreibe R, F oder M!

   1 Die Heartstoppers machen Disco-Musik.

   2 Iris und Michael können nicht gut singen.

   3 Die Heartstoppers haben nicht viel Zeit für Hausaufgaben.

   4 Sie üben in der Schule.

   5 Der Rockmusikwettbewerb ist nur für junge Bands.

   6 Keine andere Band hat eine Schlagzeugerin.

D. Und du?

   1 Spielst du ein Instrument?

   2 Spielst du in einer Band?

   3 Kannst du gut singen?

   4 Möchtest du berühmt werden?

Zusammenfassung

der Pullover (-)	pullover, sweater, jumper	*an*haben	to wear, to have sth on
der Pulli (-s) (Slang)	pullover, sweater, jumper	*an*ziehen	to put sth on
		die Farbe (-n)	colour
der Rock (¨e)	skirt	die Mode (-n)	fashion
der Schuh (-e)	shoe	modern	modern, fashionable, in fashion
der Sportschuh (-e)	trainer		
der Strumpf (¨e)	sock, stocking	man	one, you, people in general
die Bluse (-n)	blouse	man trägt Jeans heute	people/you wear jeans nowadays
die Hose (-n)	pair of trousers	im Moment	at the moment
die Jacke (-n)	jacket	weit	baggy
die Jeans (Singular)	pair of jeans	eng	tight, narrow
die Jeansjacke (-n)	denim jacket	wichtig	important
die Kleidung	clothing, clothes	die Band (-s)	band, pop-group, music group
die Socke (-n)	sock		
das Hemd (-en)	shirt	meine Lieblingsband ist...	my favourite group is...
das Sweatshirt (-s)	sweatshirt	der Sänger (-)	singer (male)
das T-Shirt (-s)	T-shirt	die Sängerin (-nen)	singer (female)
tragen (ä)	to wear; to carry		

die Farben (Seite 96)

sollte (+ Infinitiv)	ought to, should
man sollte nicht nach der Mode gehen	you oughtn't to follow fashion
*aus*geben (i) (für + Akk.)	to spend (money on sth)
ich gebe zwanzig Mark für CDs aus	I spend twenty marks on CDs
fest	solid, sturdy
feste Schuhe	sturdy shoes
das Instrument (-e)	instrument
das Lied (-er)	song
Gitarre spielen	to play the guitar
Schlagzeug spielen	to play drums
singen	to sing
üben	to practise
berühmt	famous

Die Schule und andere Probleme

SCHULPROBLEME

Was für Probleme haben deutsche Teenager? 🔊 1

1 Ich finde die Schule stressig.

2 Ich habe Probleme mit Mathematik.

3 Ich habe Probleme mit der Mathelehrerin.

4 Ich habe Angst vor dem Sportlehrer.

5 Ich habe einen Pickel auf der Nase.

6 Ich habe oft Krach mit meinen Eltern.

Hast du manchmal Probleme mit der Schule? 🔲 2

Mögliche Probleme:

Hausaufgaben	bestimmte Fächer	Lehrer
Angst	Streß	Chaos

Was für Probleme haben Ingo, Stefanie und Henning?
Oder haben sie gar keine Probleme mit der Schule?

1 Wer hat keine Probleme mit den Lehrern?

2 Wer hat Probleme mit Französisch?

3 Wer hat Probleme mit Mathematik?

4 Wer findet die Schule nicht stressig?

5 Wer hat Probleme mit einigen Lehrern?

6 Wer hat Probleme mit Englisch?

7 Wer findet die Schule stressig, wenn es eine
   Klassenarbeit gibt (siehe Seite 35)?

8 Wer hat Probleme mit dem Biologielehrer?

MEIN PROBLEM IST DIE SCHULE!

Hast du Probleme mit der Schule?	Findest du die Schule stressig?	Oder hast du keine Probleme?
Mit den Lehrern?	Hast du manchmal Angst vor der Schule?	Oder ist die Schule dein Problem?
Mit bestimmten Fächern?		

Ich habe (keine) Probleme	mit Englisch
	mit dem Biologielehrer
	mit der Physiklehrerin
	mit der Schule
Ich habe Probleme	mit einigen Lehrern

Ich finde	die Schule	stressig
	die Hausaufgaben	langweilig
	die Prüfungen	super/toll/klasse
		schwierig
		einfach

Ich habe (keine) Angst	vor dem Sportlehrer
	vor den Prüfungen
	vor der Schule

Es ist auszuhalten.
Mein Problem ist die Schule!

HAUSAUFGABEN

Wie findest du die Hausaufgaben? 📼 3

👀 anderthalb   abschaffen   daran   aushalten

1 In welchen Fächern bekommt Ingo die meisten Hausaufgaben?

2 Wie lange braucht Ingo normalerweise, um seine Hausaufgaben zu machen?

3 Wie findet Stefanie die Hausaufgaben?

4 Wie lange braucht sie normalerweise, um ihre Hausaufgaben zu machen?

5 Was sagt Henning über die Hausaufgaben?

SO KANNST DU ÜBER DEINE HAUSAUFGABEN SPRECHEN

Ich brauche	ungefähr	eine Stunde,	um meine Hausaufgaben zu machen.	Ich finde sie	furchtbar
	etwa	zwei Stunden,			nicht so gut
	zirka				OK
					gut

Das ist manchmal zu viel

ZEUGNISSE

Hennings Zeugnis 📼 4 | 11.1 1 |

👀
durchschnittlich

könnte besser sein

hatte

war

1 Welche Fächer lernt Henning?

2 Welche Fächer lernt er nicht?

3 Wie viele Stunden hat er gefehlt?

4 Welche Noten sind befriedigend, ausreichend und gut (siehe Seite 35)?

5 Welche sind Hennings beste Fächer?

6 Welche sind Hennings schlechteste Fächer?

LUISENSCHULE
Essen-Bismarckplatz
Städt. Gymnasium für Jungen und Mädchen
mit Zweisprachenzug deutsch - französisch
Sekundarstufe I und II

ZEUGNIS

für _____ Henning Hempel _____

Klasse: 8b (bil.)   2. Halbjahr

Versäumte Stunden: 12 , davon unentschuldigt ___—___ Stunden.

LEISTUNGEN:

Religionslehre		Mathematik	gut
Deutsch	befriedigend	Naturwissenschaften	
Gesellschaftslehre		Physik	gut
Geschichte		Chemie	
Erdkunde	befriedigend	Biologie	ausreichend
Politik	befriedigend	Musik	ausreichend
Englisch	ausreichend	Kunst/~~Textilgestaltung~~	befriedigend
Lateinisch		Sport	befriedigend
Französisch	befriedigend		

Nicht ausreichende Leistungen können die Versetzung gefährden.

Zusätzliche Unterrichtsveranstaltungen:
_____
_____

Bemerkungen: _____
_____

Beschluß der Klassenkonferenz: Er/~~Sie~~ wird in Klasse __9__ versetzt/~~nicht versetzt~~.

_____ Sp10E2 _____
Schulleiter/in

Kenntnis genommen:

R. Hempel
Unterschrift der/des Erziehungsberechtigten

R. Bormann, StR'
Klassenlehrer/in

Elternsprechtag am _____
von _____ bis _____ Uhr
von _____ bis _____ Uhr

Wie war dein Zeugnis?

4 | 11.1 2 |

Wie ist das bei dir?

Wie war dein Zeugnis?   Mein Zeugnis war...

Welche sind deine besten Fächer?   Meine besten Fächer sind...

Welche sind deine schlechtesten Fächer?   Meine schlechtesten Fächer sind...

Warst du mit deinem Zeugnis zufrieden?   Ja/nein...

Rollenspiel | 11.2 |

ABHAUEN WAR MEIN HILFERUF | 11.3 | ◉ ◉

Es war am letzten Schultag **vor den Sommerferien**. Simone, **Schülerin** der 11. Klasse eines Gymnasiums, saß am **Hauptbahnhof**. Sie hatte nur einen **Schlafsack** und einen Rucksack mit Toilettenartikeln, ein bißchen Wäsche und ein paar T-Shirts. Und nach dem Kauf der **Fahrkarte** noch genau 124 Mark. Damit kommt man nicht **weit**. Das wußte Simone.

„Ich bin nicht wegen der Schule **abgehauen**", sagt Simone. „Ich hatte **Streit** mit meinem Freund. Und ich hatte mich mal wieder mit meiner Mutter **gezankt**. Abhauen ist ein Hilferuf."

Simone kam **ohne** Probleme nach Straßburg. „Meiner Familie und meinem Freund wollte ich **Angst machen**." Sie wollte in die **Bretagne** zu ihrer Freundin Véronique. „Das war dann ganz schön **schwer**. Ich stand frühmorgens allein auf der Autobahn Richtung Paris und **trampte**." Simone **übernachtete** in der **Jugendherberge** in Paris. So kam sie mit **weniger** als hundert Mark in der Bretagne an.

„Véro **freute sich** riesig **über** meinen **Besuch**. Wir fuhren dann zusammen an die südliche **Atlantikküste**. Von dort **rief** ich dann zu Hause **an**. Am Telefon war meine Mutter. Sie sagte nur wenig. 'Bist du **gesund**? Ja. Bist du bei Véronique? Ja. Okay. Bis dann...' Das wär's." Nun trampte Simone durch **Frankreich** nach Frankfurt **zurück**. Dort war **Endstation**: **Nachts** um eins stand sie immer noch an der Autobahn, ohne einen Pfennig Geld. Sie **bat jemanden um** zwanzig Pfennig zum Telefonieren. Dann rief sie eine Tante in Frankfurt an. Die **holte** sie **ab**. Simone übernachtete dort und bekam das Geld für die Fahrkarte nach München.

Sie hatte **Herzklopfen**, als sie zu Hause vor der Tür stand und **klingelte**. Aber dann kam alles **anders als erwartet**: Die Eltern **taten** so, als wär' sie mal beim Bäcker gewesen. Sie **übergingen** die letzten zehn Tage ganz einfach. Ein **Gespräch fand** nicht **statt**. Ihr Freund **erklärte** Simone, er habe nun eine andere Freundin.

„Durch mein **Ausreißen** ist zu Hause nichts besser geworden, aber ich habe etwas gelernt. Ich weiß nun, daß ich mir viel mehr **zutrauen** kann, als ich **dachte**. Ich habe es **geschafft**, endlich die **Wahrheit** zu akzeptieren. Mein Freund **wollte** mich wirklich nicht mehr. Meine Eltern haben ihre eigenen Probleme und **kümmern sich** nicht **um** mich. Ich muß das Beste draus machen". Es **klingt traurig**, wie Simone das sagt. Und es ist wohl **kaum** eine **Anregung** für andere, es ihr **nachzumachen**.

Zeichne Simones Route auf dem Arbeitsblatt 11.3 ein!

DAS PRÄTERITUM

sagen → sagte	
ich sagte	wir sagten
du sagtest	ihr sagtet
er/sie/es sagte	Sie/sie sagten

haben → hatte	
ich hatte	wir hatten
du hattest	ihr hattet
er/sie/es hatte	Sie/sie hatten

sein → war	
ich war	wir waren
du warst	ihr wart
er/sie/es war	Sie/sie waren

trampen → trampte

sich freuen → freute sich

abholen → holte ab

klingeln → klingelte

erklären → erklärte

übernachten → übernachtete

fahren → fuhr

sitzen → saß

kommen → kam

bekommen → bekam

stehen → stand

anrufen → rief an

bitten → bat

tun → tat

übergehen → überging

finden → fand

Richtig oder falsch?

Kannst du die falschen Sätze verbessern?

1 Das Mädchen heißt Simone.

2 Sie wohnt in Frankfurt.

3 Sie fuhr mit dem Bus nach Straßburg.

4 Sie hatte einen Schlafsack und einen Rucksack mit.

5 Sie hatte Probleme mit der Schule.

6 Ihre Freundin heißt Véronique.

7 Simone fuhr mit dem Zug von Straßburg nach Paris.

8 Sie übernachtete im Zug.

9 Sie kam mit 124 Mark in der Bretagne an.

10 Die zwei Mädchen fuhren an die südliche Atlantikküste.

11 Sie telefonierte mit ihrem Vater.

12 Sie trampte nach Frankfurt.

13 Sie hatte kein Geld.

14 Sie rief eine Tante in Frankfurt an.

15 Die Tante holte sie ab.

16 Sie hatte Angst, als sie zu Hause vor der Tür stand.

17 Sie diskutierte alles mit ihren Eltern.

18 Ihr Freund wollte sie nicht mehr.

19 Ihre Eltern haben nicht viel Zeit für sie.

20 Die Situation ist traurig.

Erweiterung

DIE LUISENSCHULE

Vervollständige!

1 Die Luisenschule ist … Jahre alt.

2 Der erste Name der Luisenschule war … … … .

3 Der Architekt kam aus Stuttgart. Sein Name war … .

4 Der Name „Luisenschule" stammt aus dem Jahr … .

5 Bomben landeten auf der Luisenschule im Jahr … .

6 Die Schule hat zirka … Schülerinnen und Schüler.

7 Die Schule hat 65 … und … .

8 Die Schule hat … Hausmeister und zwei … .

9 Die Schule liegt nur … Minuten von … und vom … .

10 Die Schule ist also … für alle Schüler aus Essen.

11 Englisch ist die erste … .

12 Alle Schüler lernen auch … … … und … .

13 Die zweite … ist Französisch oder … .

14 Das beginnt in Klasse … .

Hier ist ihr Steckbrief:

- 1866 Gründung als erste Essener Höhere Töchterschule, seit 1871 mit festem Wohnsitz an der Schützenbahn.

- 1906 Neubau am jetzigen Standort Bismarckplatz nach Plänen des renommierten Stuttgarter Architekten E. Paulsen.

- 1912 Die Schule erhält den Namen Luisenschule (nach der populären preußischen Königin Luise, gest. 1810).

- 1945 „Kriegsverletzung" nach einem Bombentreffer.

- 1957 Erweiterungsbau an der Geibelstraße und Schillerstraße (heute Bert Brecht-Straße).

- 1974 Einführung der Koedukation. Die ersten Jungen ziehen ein.

- 1982 Die erste Klasse des deutsch-französischen Zweisprachenzugs nimmt den Unterricht auf.

Und heute?

Die Luisenschule, die 1991 ihr **125-jähriges Bestehen** feiern wird, ist ein dreizügiges städtisches Gymnasium mit einem deutsch-französischen Zweisprachenzug und

- ca. 790 Schülerinnen und Schülern
- 65 Lehrerinnen Und Lehrern
- 2 Hausmeistern
- 2 Schulsekretärinnen

Denn die Schule liegt günstig

1. 5 Minuten vom Hauptbahnhof
2. an der U-Bahn-Haltestelle Bismarckplatz
3. 5 Minuten vom U-Bahn-Haltepunkt "Saalbau",

also ideal für alle, insbesondere aus Frohnhausen, Holsterhausen, von der Margarethenhöhe, aus Rüttenscheid…………

Der Sprachenbeginn mit Englisch

Die meisten Gymnasien beginnen mit der Fremdsprache Englisch. So auch die Luisenschule. Neben Englisch gehören zum Pflichtprogramm jeder Jahrgangsstufe: Deutsch, Mathematik, Sport, Religion. Die anderen Fächer werden nach der gesetzlichen Stundentafel erteilt: Erdkunde, Politik, Geschichte, Physik, Biologie, Chemie, Kunst, Musik.

In **Klasse** 7 treffen Schüler und Eltern die Entscheidung über die 2. **Fremdsprache:** Latein oder Französisch

---

INGO UND STEFANIE

Ingo hat geschwänzt 📼 11.4 / 1

Stefanie und Klassenarbeiten 📼 11.4 / 2

Zusammenfassung

das Problem (-e)	problem
ich habe Probleme mit der Schule	I have problems with school
der Streß	stress
stressig	stressful
ich finde die Schule stressig	I find school stressful
einfach	simple, easy
schwierig	difficult
die Angst	fear
ich habe Angst vor der Prüfung	I am afraid of the exam
ich habe keine Angst	I am not afraid
die Prüfung (-en)	examination
einige	a few, some
brauchen	to need
ich brauche eine Stunde, um	it takes me (I need) an hour to do
meine Hausaufgaben zu machen	my homework
furchtbar	awful
zu viel	too much
fehlen	to be absent, to be missing
ich habe gefehlt	I was absent
die Note (-n)	mark, grade
meine beste Note	my best mark
meine schlechteste Note	my worst mark
das Zeugnis (-se)	report
wie war dein Zeugnis?	how was your report?
hatte	had
sitzen	to sit
saß	sat

der Durchschnitt	average
zufrieden	satisfied
ich war mit meinem Zeugnis zufrieden	I was satisfied with my report
der Krach	row
ich habe Krach mit den Eltern	I have rows with my parents
die Nase (-n)	nose
die Klassenarbeit (-en)	test, examination
bestimmt	definite, certain
der Rucksack (¨e)	rucksack
der Schlafsack (¨e)	sleeping bag

Tschüs!

DER FRANKREICH-AUSTAUSCH

Die Klasse 8b hat Französisch als erste Fremdsprache, und die ganze
Klasse hat zwei Austausche mit Frankreich gemacht. Das erste Mal war
die Klasse in der Nähe von Tours, das zweite Mal in der Nähe von Lille.
Hier sind einige Fotos vom zweiten Austausch.

Stefanie und ein
französischer Freund.

Faulenzen in Frankreich!

Frühstück bei einer
französischen Freundin.

Interview mit Henning 📼 1 | 12.1 1

- Henning, du warst in Frankreich zum Austausch. Wie war das?
- Interessant, meistens interessant, aber nicht so, wenn die Lehrer dabei sind.
- Und wie war dein Partner?
- Etwas zu zurückhaltend, aber sonst ganz gut... sympathisch, zuvorkommend.
- Du hast dich also mit deinem Partner verstanden.
- Ja, ich hab' mich sehr gut mit ihm verstanden. Es gab keine Probleme.
- Was habt ihr da gemacht in Frankreich?
- Wir waren am Meer, wir haben Städte besichtigt. Wir waren im Schwimmbad. Wir sind abends beziehungsweise nachts ausgegangen – ohne Lehrer. Und dann – wir haben in der Klasse gesessen, bei den Franzosen Unterricht gemacht. Es war ein bißchen schwer, aber auszuhalten.
- Wie war die Schule in Frankreich?
- Strenger als in Deutschland, wesentlich strenger. Man mußte nachmittags noch Unterricht machen, und man mußte in der Kantine essen. Das war nicht sehr angenehm. Das schmeckte – um es sachte zu sagen – sehr schlecht.
- Ja, das kenn' ich auch von England.

Richtig oder falsch?

1 Henning war in Frankreich zum Austausch.

2 Der Austausch war uninteressant.

3 Sein Partner war sehr aktiv und offen.

4 Es gab viele Probleme.

5 Die Schüler gingen abends mit Lehrern aus.

6 Die Franzosen hatten Sommerferien.

7 Die Schule war diszipliniert.

8 Die Schule ist in Deutschland nicht so streng.

9 Nachmittags hatte man keine Schule.

10 Das Essen in der Kantine war furchtbar.

DAS PRÄTERITUM

12.2
1

Präsens	Präteritum
Mein Partner **ist** zurückhaltend	Mein Partner **war** zurückhaltend
Es **gibt** keine Probleme	Es **gab** keine Probleme
Es **schmeckt** sehr schlecht	Es **schmeckte** sehr schlecht
Man **muß** in der Kantine essen	Man **mußte** in der Kantine essen
Wir **sind** am Meer	Wir ... am Meer
Es **ist** ein bißchen schwer	Es ... ein bißchen schwer
Man **muß** nachmittags Unterricht machen	Man ... nachmittags Unterricht machen

DAS PERFEKT

12.2
2

ich habe	gemacht	ich bin	gegangen
du hast		du bist	
er/sie/es hat		er/sie/es ist	
	gesessen		ausgegangen
wir haben		wir sind	
ihr habt		ihr seid	
Sie/sie haben	verstanden	Sie/sie sind	gefahren

Wir **haben** bei den Franzosen Unterricht **gemacht**

Wir **haben** Deutschland **besichtigt**

Wir **haben** in der Klasse **gesessen**

Wir **sind** abends **ausgegangen**

SCHWACHE VERBEN UND STARKE VERBEN

12.2
3,4

Schwache Verben haben im Präteritum -te und im Perfekt -t

	Präteritum	Perfekt
machen→	ich mach**te**→	ich habe gemach**t**

Sie sind regelmäßig und sind **nicht** in der Verbliste.

Andere Verben sind unregelmäßig oder **stark**. Sie sind in der Verbliste (Seiten 124–125).

	Präteritum	Perfekt
sitzen→	ich s**aß**→	ich habe gesess**en**

Interview mit Stefanie Rehahn [cassette] 2

	gefallen	noch mal
teilnehmen	das Geschäft	sich freuen
die Reise	der Felsen	leiden
zum erstenmal	dieses Jahr	

Wie ist die richtige Reihenfolge?

„**d** Stefanie hat an dem Austausch mit Frankreich teilgenommen" ist Nummer 1.

a Stefanies Partnerin hat überhaupt nichts gesagt.

b Sie ist mit dem Bus gefahren.

c Man ist durch die Geschäfte gegangen.

d Stefanie hat an dem Austausch mit Frankreich teilgenommen.

e Man hat die Stadt besichtigt.

f Stefanie fand Stéphanie nicht so nett.

g Sie war in der Nähe von Lille.

h Die Eltern waren nicht so gut.

i Die Partnerin hieß Stéphanie.

j Die Eltern waren ziemlich streng.

Welche Verben sind im Präteritum? Welche Verben sind im Perfekt?
Welche Verben sind schwach? (Es sind nur zwei.)

Perfekt → Präteritum

Verbliste (Seiten 124–125)

1 Es hat keine Probleme gegeben. Es gab keine Probleme.

2 Das Essen hat schlecht geschmeckt. …

3 Man ist mit dem Bus gefahren. …

4 Die Eltern sind streng gewesen. …

5 Stefanie hat Stéphanie nicht so nett gefunden. …

6 Man hat die Stadt besichtigt. …

7 Simone hat Probleme gehabt. …

8 Simone hat im Zug übernachtet. …

9 Simone hat eine Tante angerufen. …

10 Die Tante hat Simone abgeholt. …

11 Simone hat etwas gelernt. …

Melanies Brief

👀 👀 Verbliste (Seiten 124–125)

Melanie, ein Mädchen aus Newcastle, hat einen Austausch gemacht. Sie hat diesen Brief an ihre deutsche Briefpartnerin geschrieben. Schreibe die fehlenden Wörter in dein Heft!

Liebe Verena,   Newcastle, den 9. Oktober

danke für Deinen Brief. In den Sommerferien habe ich einen Spanien-Austausch gemacht. Das war fantastisch! Meine Partnerin war Pilar García, ein Mädchen aus Burgos im Norden von Spanien. Sie [1] sehr sympathisch, und ich [2a] mich sehr gut mit ihr [2b]. Es [3a] gar keine Probleme [3b]. Am Anfang [4] ich nicht sehr viel verstanden (mein Spanisch ist sehr schlecht!), aber in den vierzehn Tagen [5a] ich sehr viel Spanisch gel [5b]. Wir [6a] ans Meer [6b], und wir haben viele spanische Städte be [7]. Wir [8a] nach Madrid [8b]. Wir [9a] bei Pilars Tante über [9b]. Wir [10] durch die Geschäfte gegangen, und abends [11a] wir oft aus [11b]. Die Discos da sind super! An zwei Tagen [12a] ich mit Pilar in die Schule [12b]. Das war sehr schwer — die Schule ist erst um 17.30 Uhr aus! Furchtbar, oder?

Der Austausch hat mir sehr viel Spaß gemacht, und im April kommt Pilar zu mir. Wann kommt Du wieder nach Newcastle?

Viele Grüße

Deine Melanie

Präteritum → Perfekt

Verbliste (Seiten 124–125)

1 Es gab keine Probleme.	Es hat keine Probleme gegeben.
2 Stefanie machte einen Austausch.	…
3 Sie fand die Partnerin nicht so nett.	…
4 Stéphanie sagte nichts.	…
5 Man fuhr mit dem Bus nach Frankreich.	…
6 Man ging in die französische Schule.	…
7 Man aß in der Kantine.	…
8 Man ging durch die Geschäfte.	…
9 Stefanie verstand sich nicht gut mit der Partnerin.	…

Rollenspiel: Interview mit Stefanie 12.3

Mache ein Interview mit Stefanie

zum Thema „Frankreich-Austausch"!

GEFALLEN + DATIV		
Präsens	Mein Austauschpartner gefällt mir gut/nicht
Präteritum	Mein Austauschpartner gefiel mir gut/nicht
Perfekt	Mein Austauschpartner hat mir gut/nicht gefallen

Interview mit Ingo 🎞 3

| 👀👀 | unternehmen | in Ordnung | alleine | zu | der Ausflug |

Dieser Text hat viele falsche Informationen (aber nicht alles ist falsch). Verbessere den Text!

Ingo hat den Austausch mit Frankreich nicht gemacht. Sein Austauschpartner hat ihm sehr gut gefallen. Thierry hat immer etwas mit Ingo unternommen. Er war sehr offen. Thierry hatte einen Vater aber keine Mutter. Der Vater war Lehrer. Thierry hatte eine Schwester. Man machte einen Ausflug nach Boulogne. Man hat am Klavierunterricht teilgenommen. Ingo war vierzehn Tage in Frankreich. Thierry kommt im November nach Deutschland.

WANDERTAGE

Ausflug nach Münster 👀👀

Unser Klassenausflug verlief im ~~xxx~~ ganzen wie geplant, ausgenommen einiger Zwischenfälle. Treffen am Essener Hauptbahnhof um 8.30 Uhr. Wir wir um 8.35 feststellen müssen, ist Herr Hansen immer noch nicht eingetroffen. Doch Andreas widerlegt diese ~~xxx~~ Tatsache mit einem gekonnten Blick auf die Anzeigetafel: Wir befinden uns nicht auf Gleis 10, sondern auf Gleis 7. Herr Hansen wartet ein Stückchen weiter vergeblich auf uns. Ingo und Stefanie haben sich schon zu ihm gesellt. Na, dann kann's ja losgehen! Wenige Minuten später stürmt eine Horde Schüler in den Waggon. ~~xxxl~~

Endlich kommen wir in Münster an. Der Besuch des Planetariums wird, obwohl es schon das zweite Mal ist, freudig begrüßt. Es wird dann ~~x~~ auch ein voller Erfolg. Als der schwarze Sternenhimmel erscheint, wird kräftig applaudiert. Herr Hansen darf zum erstenmal erleichtert aufatmen. Danach dürfen wir uns im anschließenden Naturkundemuseum umsehen.

1 Das war ein Ausflug für...

A   die Klasse 8b

B   ein paar Schüler

C   die Austauschschüler

2 Man wollte sich um ... Uhr treffen.

A   8.25

B   8.30

C   9.35

3 Fast alle Schüler waren auf Gleis...

A   7

B   9

C   10

4 Um 8.30 Uhr wartete Herr Hansen ... am Bahnhof.

A   allein

B   mit allen Schülern

C   mit zwei Schülern

5 Man fuhr nach...

A   Essen

B   Frankreich

C   Münster

6 Dort ging man zuerst...

A   in die Stadt

B   ins Planetarium

C   ins Naturkundemuseum

7 Das gefiel der Klasse...

A   nicht

B   nicht sehr gut

C   sehr gut

8 Herr Hansen atmete erleichtert auf...

A   weil die Klasse in Münster war

B   weil die Klasse applaudierte

C   weil er keinen Unterricht hatte

Ingo spricht über Wandertage ⊟ 12.1 2

Austausch-Rollenspiel 12.4

Erweiterung

FINALE

Supergrips

1 Welches L ist eine Stadt in Nordfrankreich?
2 In welchem K gibt es Mittagessen in der Schule?
3 Welches N ist eine Stadt in Nordostengland?
4 In welchem G kann man einkaufen?
5 Welches M ist der Atlantik?
6 Welches S dauert ungefähr sechs Wochen im Juli und August?
7 Welches S ist ein Land in Südwesteuropa?
8 Welches T war Ingos Partner?
9 Welches N ist sympathisch?
10 Welches S sind Münster, Hannover und Essen?

Wortspiel

Wer kann die meisten deutschen Wörter aus diesem Wort machen?

AUSTAUSCHPARTNERINNEN

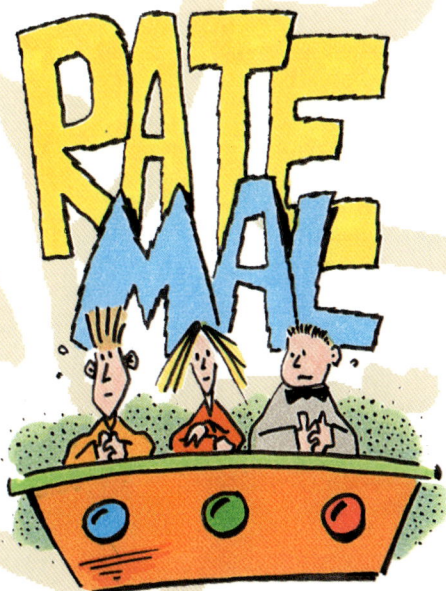

8b-Quiz

Wer in der 8b ist das?

1 Er sitzt zwischen Nadja und Maik.
2 Sein Bruder heißt Björn.
3 Er hat die Telefonnummer 55 39 03.
4 Sie hat am 6. November Geburtstag.
5 Ihre Mutter arbeitet in einem Teppichgeschäft.
6 Seine Hobbys sind Angeln und Schwimmen.
7 Er spielt Tischtennis und fährt Fahrrad.
8 Sie hat ein Kaninchen und sieben Goldfische.
9 Sie kauft Süßigkeiten beim Hausmeister und bringt Zeitungen herum.
10 Sie wohnt in Mülheim, nicht Essen.
11 Er wohnt im Erdpohlweg.
12 Er fand die Schule in Frankreich strenger als in Deutschland.

Zusammenfassung

der Austausch (-e)	exchange
der Austauschpartner (-)	exchange partner (boy)
die Austauschpartnerin (-nen)	exchange partner (girl)
die Reise (-n)	journey
die Sommerferien (Pl.)	summer holidays
interessant	interesting
sympathisch	likeable, nice
offen	open
nett	nice
auszuhalten	bearable
es war auszuhalten	it was bearable
schwer	difficult, hard
sich verstehen	to get on well together
wir verstehen uns	we get on well
ich verstehe mich gut mit ihm	I get on well with him
ich habe mich gut mit ihr verstanden	I got on well with her
das Meer	sea
ich fahre ans Meer	I go to the seaside
ich bin am Meer	I am at the seaside
besichtigen	to look round, visit (a place)
wir haben Städte besichtigt	we looked round some towns
***aus*gehen**	to go out (socially)
ich bin ausgegangen	I went out
ohne	without
streng	strict
überhaupt	at all
überhaupt nicht	not at all
überhaupt nichts	nothing at all
zum erstenmal	for the first time
dieses Jahr	this year
noch mal	again
der Brief (-e)	letter
gefallen (ä)	to appeal to
mein Austauschpartner gefällt mir gut	I like my exchange partner a lot (= appeals to me)

Frankreich	France
französisch	French (adj.)
Spanisch	Spanisch (language)
zurückhaltend	reserved
zuvorkommend	helpful
angenehm	pleasant
beziehungsweise	or ... as the case may be
die Kantine (-n)	canteen
um es sachte zu sagen	to put it mildly
kennen	to know (= be acquainted/familiar with)
das kenne ich	I'm familiar with that
*tei*l**nehmen (nimmt) (an + Dat.)**	to take part (in sth)
ich habe am Austausch teilgenommen	I took part in the exchange
in der Nähe von + Dat.	near (swh)
in der Nähe von Hannover	near Hanover
durch die Geschäfte gehen	to go round the shops
wir sind durch die Geschäfte gegangen	we went round the shops
der Felsen (-)	cliff, large rock
hierher	(to) here
sie kommen hierher	they're coming here
dorthin	(to) there
wir fahren dorthin	we're going there
sich freuen (auf + Akk.)	to look forward (to sth)
ich freue mich auf den Austausch	I'm looking forward to the exchange
ich freue mich darauf	I'm looking forward to it
ich kann ihn/sie nicht gut leiden	I don't like him/her
unternehmen (unternimmt)	to do, to undertake
was hast du unternommen?	what did you do?
der Ausflug (¨e)	excursion, outing, trip

Starke und unregelmäßige Verben

The most useful verbs for you to use while working on Klassentreffen are marked with a dot (•).

Infinitiv	Präsens (er/sie/es)	Präteritum (er/sie/es)	Perfekt (er/sie/es)	Englisch
• *an*haben	hat … an	hatte … an	hat … angehabt	have on, wear
• *an*kommen	kommt … an	kam … an	ist … angekommen	arrive
*an*rufen	ruft … an	rief … an	hat … angerufen	telephone sb.
• *an*ziehen	zieht … an	zog … an	hat … angezogen	put on (clothes)
• sich *an*ziehen	zieht sich … an	zog sich … an	hat sich … angezogen	get dressed
*auf*schreiben	schreibt … auf	schrieb … auf	hat … aufgeschrieben	write sth. down
• *aus*geben	gibt … aus	gab … aus	hat … ausgegeben	spend (money)
*aus*gehen	geht … aus	ging … aus	ist … ausgegangen	go out
*aus*halten	hält … aus	hielt … aus	hat … ausgehalten	bear, stand sth.
*aus*steigen	steigt … aus	stieg … aus	ist … ausgestiegen	get out (of a vehicle)
*aus*tragen	trägt … aus	trug … aus	hat … ausgetragen	deliver
sich befinden	befindet sich	befand sich	hat sich … befunden	be (situated)
• beginnen	beginnt	begann	hat … begonnen	begin
• bekommen	bekommt	bekam	hat … bekommen	get, receive
beschreiben	beschreibt	beschrieb	hat … beschrieben	describe
bitten	bittet	bat	hat … gebeten	ask (for sth.)
• bringen	bringt	brachte	hat … gebracht	bring, take
*ein*biegen	biegt ein	bog ein	ist … eingebogen	turn in (to a road)
*ein*treffen	trifft ein	traf ein	ist … eingetroffen	arrive
• essen	ißt	aß	hat … gegessen	eat
• fahren	fährt	fuhr	ist … gefahren	go, travel, drive
• fernsehen	sieht fern	sah fern	hat … ferngesehen	watch television
• finden	findet	fand	hat … gefunden	find
fressen	frißt	fraß	hat … gefressen	eat (when animals eat)
gefallen	gefällt	gefiel	hat … gefallen	appeal to sb.
• gehen	geht	ging	ist … gegangen	go, walk
gewinnen	gewinnt	gewann	hat … gewonnen	win
• haben	hat	hatte	hat … gehabt	have
• heißen	heißt	hieß	hat … geheißen	be called
helfen	hilft	half	hat … geholfen	help
*heraus*finden	findet heraus	fand heraus	hat … herausgefunden	find out
*herum*bringen	bringt herum	brachte herum	hat … herumgebracht	take sth. round
• kennen	kennt	kannte	hat … gekannt	know (be acquainted with) sb/sth.
klingen	klingt	klang	hat … geklungen	sound
• kommen	kommt	kam	ist … gekommen	come
• können	kann	konnte	hat … (Inf.) können	can, be able to
leiden	leidet	litt	hat … gelitten	suffer
• lesen	liest	las	hat … gelesen	read

Infinitiv	Präsens (er/sie/es)	Präteritum (er/sie/es)	Perfekt (er/sie/es)	Englisch
liegen	liegt	lag	hat … gelegen	lie, be situated
*los*gehen	geht los	ging los	ist … losgegangen	start, start off
mögen	mag	mochte	hat … gemocht	like
müssen	muß	mußte	hat … (Inf.) müssen	must, have to
*nach*schlagen	schlägt nach	schlug nach	hat … nachgeschlagen	look sth. up
nehmen	nimmt	nahm	hat … genommen	take
nennen	nennt	nannte	hat … genannt	call, name
• *rad*fahren	fährt Rad	fuhr Rad	ist … radgefahren	cycle
reiten	reitet	ritt	ist … geritten	ride
• schreiben	schreibt	schrieb	hat … geschrieben	write
schwimmen	schwimmt	schwamm	ist … geschwommen	swim
• sein	ist	war	ist … gewesen	be
• sitzen	sitzt	saß	hat … gesessen	sit
*sitzen*bleiben	bleibt sitzen	blieb sitzen	ist … sitzengeblieben	repeat the year
skifahren	fährt … Ski	fuhr … Ski	ist … skigefahren	ski
• sprechen	spricht	sprach	hat … gesprochen	speak
*statt*finden	findet … statt	fand … statt	hat … stattgefunden	take place
• stehen	steht	stand	hat … gestanden	stand
steigen	steigt	stieg	ist … gestiegen	climb
*teil*nehmen	nimmt … teil	nahm … teil	hat … teilgenommen	take part
• tragen	trägt	trug	hat … getragen	wear; carry
• treffen	trifft	traf	hat … getroffen	meet sb.
• sich treffen	trifft sich	traf sich	hat … sich getroffen	meet (each other)
treiben	treibt	trieb	hat … getrieben	do (sport)
• trinken	trinkt	trank	hat … getrunken	drink
tun	tut	tat	hat … getan	do; put
sich *um*sehen	sieht sich … um	sah sich … um	hat … sich umgesehen	look round
*um*steigen	steigt … um	stieg … um	ist … umgestiegen	change (transport)
sich unterhalten	unterhält sich	unterhielt sich	hat … sich unterhalten	chat
unternehmen	unternimmt	unternahm	hat … unternommen	undertake, do
verlaufen	verläuft	verlief	ist … verlaufen	pass off
• verstehen	versteht	verstand	hat … verstanden	understand
• sich verstehen	versteht sich	verstand sich	hat … sich verstanden	get on together
wachsen	wächst	wuchs	ist … gewachsen	grow
• waschen	wäscht	wusch	hat … gewaschen	wash
• *weg*gehen	geht … weg	ging … weg	ist … weggegangen	go out/away
• wissen	weiß	wußte	hat … gewußt	know

Glossar: Deutsch-Englisch

How to use this glossary

Plurals are shown in a shortened form, for example das Buch (¨er). This means that the plural is Bücher. Umlaut (¨) can be added to a, o, u and au (which becomes äu). In a compound word, it is the last main vowel which is affected, for example der Dachboden (¨) has the plural Dachböden

Many German words are compounds. This means that they are made up of two or more short words combined together. To find the meaning of a word in the glossary, you sometimes need to split the word up into the shorter words which make it up. For example, with the word Wassersportwettbewerbe, look up Wassersport (watersports) and Wettbewerb (competition) to find the meaning 'watersports competitions'.

Verbs not shown as irregular or strong (see verb list for details) are regular.

Abbreviations

Akk.	Akkusativ
Dat.	Dativ
Pl.	Plural
sb.	somebody
Sing.	Singular
sth.	something
stk.	stark (= strong – see verb list)
swh.	somewhere
Umgs.	Umgangsprache (= informal language)
unreg.	unregelmäßig (= irregular – see verb list)
usw.	und so weiter (= and so on, etc.)

Deutsch		Englisch	Deutsch		Englisch
	ab und zu	now and then, from time to time	die	Anzeigetafel (-n)	indicator board (showing information)
das	Abendbrot	evening meal of open sandwiches		*an*ziehen (stk.)	to put on (clothing)
	Abendbrot essen (stk.)	to have one's evening meal	sich	*an*ziehen (stk.)	to get dressed
	abends	in the evening(s)	der	Apfel (¨)	apple
	aber	but	der	Appetit	appetite
die	Abfahrtzeit (-en)	departure time		guten Appetit	enjoy your meal
	abgehauen	run away, left home		applaudieren	to applaud
	*ab*hauen (Umgs.)	to go away, to run away		applaudiert	applauded
der	Absatz (¨e)	heel	die	Arbeit	work
	*ab*schaffen	to abolish		arbeiten	to work
	*ab*trocknen	to dry the dishes	das	Arbeitsblatt (¨er)	worksheet
die	Ahnung (-en)	idea, notion	der	Architekt (-en)	architect
der	Akkusativ	accusative	die	Ärztin (-nen)	doctor (female)
	aktiv	active	die	Atlantikküste	the Atlantic coast
	akzeptieren	to accept		auch	also, too, as well
der	Alkohol	alcohol		auf + Dat./Akk.	on
	alle (Pl.)	all, everybody		auf deutsch	in German
	allein(e)	alone		auf französisch	in French
	alles	everything		auf Wiedersehen	goodbye
	alles mögliche	all kinds of things		*auf*atmen	to breathe a sigh of relief
	alles, was meine	everything my parents		*auf*fallen (stk.)	to stand out, be conspicuous
	Eltern nicht bezahlen	don't pay for		*auf*schreiben (stk.)	to write sth. down
der	Alltag	everyday life/routine		*auf*stehen (stk.)	to get up
das	Alphabet	alphabet		*auf*wachen	to wake up
	als	as, as a	das	Auge (-n)	eye
	als wär' sie … gewesen	as if she had been …		aus	out; over
	alt	old		aus + Dat.	out of, from
	älter	older, elder	der	Ausflug (¨e)	excursion, outing, trip
	altmodisch	old-fashioned		*aus*geben (stk.) (Akk.)	to spend (money) (on sth.)
	am (= an dem)	at the		(für + Akk.)	
	am … entlang	along the edge of sth.		*aus*gehen (stk.)	to go out
	am längsten	the longest		ausgenommen	apart from
	am liebsten	like … most of all, (my) favourite		*aus*halten (stk.)	to bear/stand sth.
	an +Dat./Akk.	at, on		ausreichend	sufficient
	ander-	other, different	das	Ausreißen	running-away
	ändern	to change		außer + Dat.	apart from, except
	anders (als)	different (from/than)	die	Aussichtskanzel (-n)	look-out platform
	anderthalb	one and a half		*aus*steigen (stk.)	to get out/off
die	Anerkennung	recognition; respect	der	Austausch (-e)	exchange
	angeln	to fish, to do angling		*aus*tragen (stk.)	to deliver sth.
	angenehm	pleasant	sich	*aus*ziehen (stk.)	to get undressed
die	Angst	fear	es ist	auszuhalten	it is bearable
	Angst haben (unreg.) (vor + Dat.)	to be afraid (of sb./sth.)	das	Auto (-s)	car
	Angst machen + Dat.	to frighten sb.	die	Autobahn (-en)	motorway
	*an*haben (unreg.)	to wear, to have sth. on	der	Automat (-en)	machine
	*an*kommen (stk.)	to arrive	das	Automatengetränk (-e)	drink from a vending-machine
die	Ankunft (¨e)	arrival			
die	Anregung (-en)	incentive, encouragement	der	Bäcker (-)	baker
	*an*rufen (stk.)	to telephone (sb.), to ring (sb.) up	die	Bäckerei (-en)	bakery, baker's shop
	anschließend	adjoining, neighbouring	das	Bad (¨er)	bathroom
die	Ansichtskarte (-n)	picture postcard	das	Badezimmer (-)	bathroom
	anstatt	instead of	der	Bahnhof (¨e)	railway station

Deutsch		Englisch	Deutsch		Englisch
	bald	soon		bis	until, till
der	Baldeneysee	name of a lake in Essen		bis vor kurzem	until recently
die	Band (-s)	band, group		bis zu + Dat.	as far as; until
das	Bandmitglied (-er)	band member	ein	bißchen	a bit, a little
die	Baßgitarre (-n)	bass guitar	du	bist	you are
der	Bassist (-en)	bass player		bitte	please; don't mention it; here you are
das	Basteln	making things (as a hobby)			
	basteln	to do handicrafts; to make sth.		bitte schön	don't mention it; here you are; can I help you?
	bat um + Akk.	asked for sth.			
der	Bau	building		bitte sehr	don't mention it; here you are; can I help you?
	baute	built			
	beachte!	please note, NB		bitten (stk.) (Akk.) um + Akk.	to ask (sb.) for sth.
der	Beamte, ein Beamter	civil servant		blau	blue
der	Becher (-)	pot, beaker		bleiben (stk.)	to stay, to remain
bei	Bedarf	when needed	der	Bleistift (-e)	pencil
	bedruckt	printed, with a motif	der	Blick (-e)	glance, look
sich	befinden (stk.)	to be, to find oneself	die	Blockflöte (-n)	recorder
	befriedigend	satisfactory	die	Bluse (-n)	blouse
	begann	began	die	Bockwurst (¨e)	long frankfurter-type sausage
der	Beginn	start	der	Boden (¨)	ground
	beginnen (stk.)	to begin	die	Bombe (-n)	bomb
	begrüßt	welcomed	ich	brauche ..., um ... zu + Inf.	it takes me (time) to (do) sth.
	bei + Dat.	with, at, at the house of sb.		brauchen	to need
	bei Bedarf	when needed		braun	brown
	bei den großen	with the big ones	die	Bretagne	Brittany
	bei dir	with you; at your house; in your case	der	Brief (-e)	letter
			die	Briefmarke (-n)	stamp
	beim (= bei dem)	at the, with the	die	Briefpartnerin (-nen)	pen friend (female)
	beim Hausmeister	from the caretaker		bringen (unreg.)	to bring, take
zum	Beispiel	for example	das	Brot (-e)	bread; loaf
das	Beispiel (-e)	example	das	Brötchen (-)	roll
	bekam	got	die	Brotschnitte (-n)	sandwich; piece of bread
	bekommen (stk.)	to get, receive, obtain	der	Bruder (¨)	brother
das	Benzin	petrol	das	Buch (¨er)	book
	bequem	comfortable	die	Buche (-n)	beech (tree)
das	Bergwerkhaus (¨er)	coal-miner's house	der	Buchstabe (-n)	letter (of the alphabet)
die	Berliner Mauer	the Berlin Wall		bummeln	to stroll
der	Beruf (-e)	profession	der	Bungalow (-s)	bungalow
	berühmt	famous	der	Bus (-se)	bus
	beschreiben (stk.)	to describe	die	Butter	butter
	besichtigen	to look round swh.	das	Butterbrot (-e)	sandwich
	best-	best	der	Butterkeks (-e)	type of dry biscuit
das	Beste	best			
	bestimmt	definite(ly), certain(ly)		ca. (= zirka)	about
der	Besuch (-e)	visit	die	CD (-s)	CD
	besuchen	to visit, attend	der	Champagner	champagne
das	Bett (-en)	bed	die	Chance (-n)	chance
ins	Bett gehen (stk.)	to go to bed	die	Chips (Pl.)	crisps
	bezahlen	to pay (for sth.)	der	Chor (¨e)	choir
die	Bibliothek (-en)	library	die	City (-s)	city centre
der	Bienenhonig	real (bees') honey	die	Clique (-n)	group of friends
das	Bier	beer	die	Coca Cola	Coca Cola
ich	bin	I am	die	Cola (-s)	cola, coke

Deutsch		Englisch	Deutsch		Englisch
der	Comic (-s)	comic		dort	there
am	Computer	on the computer	die	Dose (-n)	can, tin
der	Computer (-)	computer	das	Dossier (-s)	dossier
die	Computererweiterung (-en)	computer accessory		dran sein	to be (well/badly) off
der	Cousin (-s)	cousin (male)		draus (= daraus)	out of it, of it
				draußen	outside
	da	there; then		dreckig	dirty
	da gehe ich nicht hin	I don't go there		drehen	to turn
	dabei	with me/him/her/us, etc.		dritt-	third
der	Dachboden (¨)	loft, attic		du	you
ich	dachte	I thought		du kannst	you can
	dafür	for this, for it		du magst	you like
	damit	with that, with it		durch + Akk.	through
	danke	thank you		durchschnittlich	average, on average
	dann	then		dürfen (unreg.)	to be allowed to
	daran	about it		duschen	to have a shower
	darf es ein bißchen mehr sein?	do you mind if it's a bit over the weight?			
				ebenso	likewise
	darüber	about it		eher weniger	not that much
	das	that; the	das	Ei (-er)	egg
	das ist verschieden	it varies		eigen	own
	das wär's	that's it/all		eigentlich	actually
	das weiß ich nicht	I don't know (that)		ein, eine, einen, einem, einer	a, an
der	Dativ	dative		einbiegen (stk.)	to turn (a corner)
	dauern	to last		einfach	simple, easy; simply
	davon	of it, about it	das	Einfamilienhaus (¨er)	detached house
	dazu	to it, with it		eingetroffen	arrived
	dein(e)	your		einige	some, a few
	der, die, das, den, dem	the (can also mean 'who' and 'which')	der	Einkauf	purchase
				einkaufen gehen (stk.)	to go shopping
das	Deutsch	German (language)	der	Einstieg (-e)	entrance (to a vehicle)
	deutsch	German		eintreffen (stk.)	to arrive
auf	deutsch	in German	der	Einwohner (-)	inhabitant
	Deutschland	Germany		einzeichnen	to draw sth. in
das	Deutschlandhaus (¨er)	name of a building in Essen	das	Eis (-)	ice; ice-cream
	dick	fat; thick	die	Eisenbahn (-en)	railway
der	Dienstag (-e)	Tuesday	die	Eltern (Pl.)	parents
	dienstags	on Tuesdays	das	Ende (-n)	end
das	Diesel	diesel		enden	to end
	dieser, diese, dieses	this		endlich	at last
	dieses Jahr	this year	die	Endstation (-en)	last stop
das	Ding (-e)	thing		eng	narrow; tight
	Dinge des täglichen Lebens	everyday things		England	England
der	Diplomingenieur (-e)	engineer (with university training)	das	Englisch	English (language)
	direkt	direct(ly)	das	Englischbuch (¨er)	English book
die	Disco (-s)	disco		entfällt	does not apply
	diskutieren	to discuss	Akk.+	entlang	along (sth./swh.)
	doch	though, however		entstand	came into being
der	Dollar (zwei Dollar, usw.)	dollar		entweder ..., oder ...	either ... or ...
der	Donnerstag (-e)	Thursday		er	he, it
	donnerstags	on Thursdays	die	Erbse (-n)	pea
das	Doppelhaus (¨er)	semi-detached house	die	Erdkunde	geography
das	Dorf (¨er)	village	der	Erfolg (-e)	success

Deutsch		Englisch	Deutsch		Englisch
er	erklärte	he explained		Fernsehen gucken (Umgs.)	to watch TV
	erleichtert	relieved		*fern*sehen (stk.)	to watch TV
das	Erlenholzetui (-s)	case made of alder wood	der	Fernseher (-)	TV set
die	Eröffnung (-en)	opening	der	Fernsprecher (-)	telephone
	erst	(at) first		fest	firm, sturdy, solid
das	erste Mal	first time		fester	sturdier, quite sturdy
zum	erstenmal	for the first time		*fest*stellen	to discover, to find out
	erwartet	expected		fettig	greasy, fatty
die	Erweiterung (-en)	extension	das	Filet (-s)	fillet
	es	it	das	Finanzamt (¨er)	tax office
	es geht noch	it's bearable		finden (stk.)	to find
	es gibt + Akk.	there is/are	der	Fisch (-e)	fish
	Essen	Essen, the city where this course is set	die	Flasche (-n)	bottle
			das	Flugzeug (-e)	aeroplane
das	Essen (kein Plural)	food; meal	auf dem	Flur	in the corridor
	essen (stk.)	to eat	der	Flur (-e)	corridor, hall
	Essener	Essen (as an adjective)		flüssig	runny
die	Etage (-n)	storey	das	Foto (-s)	photo
	etwa	about		fotografieren	to photograph, to do photography
	etwas	something; somewhat	die	Frage (-n)	question
	etwas Bestimmtes	something definite/particular	der	Franken (-)	Franc (Swiss currency)
	euer, eure	your (addressing more than one person)		Frankreich	France
			der	Franzose (-n)	Frenchman, French person
das	Export	export (type of beer)	das	Französisch	French (the language)
			auf	französisch	in French
die	Fabrik (-en)	factory	das	Französischbuch (¨er)	French book
das	Fach (¨er)	subject	das	Freibad (¨er)	open-air swimming-pool
der	Fahrausweis (-e)	ticket	der	Freitag (-e)	Friday
der	Fahrausweisautomat (-en)	ticket machine		freitags	on Fridays
	fahren (stk.)	to go (in a vehicle), to travel; to drive	die	Freizeit	free time
			die	Fremdsprache (-n)	foreign language
der	Fahrgast (¨e)	passenger	das	Fressen (kein Plural) (Slang)	food
die	Fahrkarte (-n)	ticket		fressen (stk.) (Slang)	to eat
das	Fahrrad (¨er)	bicycle, bike		freudig	joyful(ly)
der	Fall	fall; case	sich	freuen (über + Akk.)	to be glad/happy (about sth.)
	falsch	wrong, false	der	Freund (-e)	friend (male); boyfriend
die	Familie (-n)	family	die	Freundin (-nen)	friend (female); girlfriend
	fand … statt	took place		freute sich	was very glad/happy
	fantastisch	fantastic		früher	formerly, earlier, previously
die	Farbe (-n)	colour		frühmorgens	early in the morning
der	Farbstift (-e)	crayon, coloured pen	das	Frühstück	breakfast
das	Fäßchen	little bottle (of ink)	zum	Frühstück	for breakfst
	fast	almost, nearly		frühstücken	to have breakfast
	faulenzen	to laze around	wir	fuhren	we went
die	Federmappe (-n)	pencil case		führen	to lead; to run sth.
	fehlen	to be absent, to be missing	der	Füller (-)	fountain pen
der	Felsen (-)	rock; cliff		für + Akk.	for
das	Fenster (-)	window		furchtbar	terrible, awful
die	Ferien (Pl.)	holidays	der	Fuß (¨e)	foot
in den	Ferien	in the holidays, on holiday	zu	Fuß	on foot
das	Feriengeld	holiday money	der	Fußball (¨e)	football
das	Fernsehen	television (i.e. the medium)	die	Fußballmannschaft (-en)	football team
im	Fernsehen	on television			

	Deutsch	Englisch		Deutsch	Englisch
	ganz	quite; whole; complete(ly); nothing but	das	Gespräch (-e)	conversation
				gestreift	striped
	ganz schön schwer (Umgs.)	very difficult		gesund	healthy
im	ganzen	on the whole	das	Getränk (-e)	drink
	gar	at all		getrunken	drunk
	gar kein(e)	no ... at all		gewinnen (stk.)	to win
	gar keins	none at all		geworden	become
die	Garage (-n)	garage	es	gibt + Akk.	there is, there are
der	Garten (¨)	garden	die	Gitarre (-en)	guitar
der	Gast (¨e)	guest	das	Glas (¨er)	jar; glass
	geboren	born	der	Glashalter	glass pot/holder
	geblümt	flowered	die	Glatze (-n)	bald head
	gebraten	fried		gleich	straightaway, very soon
der	Geburtstag (-e)	birthday	das	Gleis (-e)	track (here: platform)
das	Gedächtnis (-se)	memory		glücklich	happy; lucky
	gefallen (stk.) + Dat.	to appeal to sb., to please sb.	das	Glücksrad	wheel of fortune
	gefehlt	been absent, been missing		golden	golden
	gegeben	given	der	Goldfisch (-e)	goldfish
	gegen + Akk.	against; about + a clock time		grau	grey
die	Gegend (-en)	district, area	das	Graubrot	type of German rye/wheat bread
im	Gegensatz dazu	in contrast, on the other hand		groß	big; tall
	gehen (stk.)	to go	die	Großeltern (Pl.)	grandparents
	geholt	got; fetched		größer	larger
	gehören (zu + Dat.)	to belong (to/with sth./sb.)	die	Großstadt (¨e)	big city
	gehören + Dat.	to belong to sb.	die	Gruga	name of a park in Essen
die	Geige (-n)	violin	das	Grugabad	name of a swimming-pool in Essen
	gekonnt	skilful	das	Grün	green, greenery
	gelb	yellow		grün	green
das	Geld	money	die	Grünanlage (-n)	area of greenery
	gelernt	learned, learnt	die	Grundfrage (-n)	basic question
	gemacht	done	die	Grundschule (-n)	primary school
	gemütlich	comfortable; good-natured	das	Gruppenfoto (-s)	group photo
	genau	exactly	der	Gruß (¨e)	greeting
	geplant	planned	viele	Grüße	best wishes, love
	gepunktet	spotted	das	Gummi	rubber
	geradeaus	straight on	der	Gummimotor	rubber-band propulsion
das	Geräteturnen (-)	apparatus gymnastics		gut	good
das	Gericht (-e)	dish (i.e. kind of food)		guten Appetit	enjoy your meal
	gern, gerne	gladly, willingly (used to express liking)		guten Tag	hello, good day, good afternoon
			das	Gymnasium (Gymnasien)	grammar school, selective school
die	Gesamtschule (-n)	comprehensive school			
	geschafft	managed	das	Haar (-e)	hair
das	Geschäft (-e)	shop; business		haben (unreg.)	to have
das	Geschenk (-e)	present, gift	ein	halbes Jahr	six months
die	Geschichte (-n)	history; story	ein	halbes Pfund	half a pound
	geschnitten	cut; sliced	das	Hallenbad (¨er)	indoor swimming-pool
	geschwänzt	played truant, skived		hält	holds
die	Geschwister (Pl.)	brothers and sisters	die	Haltestelle (-n)	stop
sich	gesellen zu + Dat.	to join sb.	der	Hamster (-)	hamster
das	Gesellschaftsspiel (-e)	party game	die	Hand (¨e)	hand
	gespannt	tense, tight		hassen	to hate
	gespart	saved		häßlich	ugly
	gesperrter Duchgang	no entry, keep out	du	hast	you have

	Deutsch	Englisch		Deutsch	Englisch
	hat	has		immer geradeaus	straight on all the way
	hatte	had		immer größer	ever larger, bigger and bigger
der	Hauptbahnhof (¨e)	main railway station		immer noch	still
der	Hauptkriminalkommissar (-e)	superintendent in the plain-clothes police		in + Dat./Akk.	in
				in der Woche	per week
die	Hauptpost (-en)	main post-office		in Ordnung	all right
die	Hauptschule (-n)	type of secondary school	die	Industrie (-n)	industry
das	Haus (¨er)	house	die	Informationen (Pl.)	information
die	Hausaufgaben (Pl.)	homework	die	Innenstadt (¨e)	town/city centre
zu	Hause	at home (being there)		ins Kino gehen (stk.)	to go to the cinema
nach	Hause	home (going there)	das	Instrument (-e)	instrument
die	Hausfrau (-en)	housewife		interessant	interesting
der	Haushalt (-e)	household		international	international
der	Hausmeister (-)	caretaker	das	Interview (-s)	interview
das	Heft (-e)	exercise book	die	Invasion (-en)	invasion
	heißen (stk.)	to be called		irgend(et)was	something or other
	helfen (stk.) + Dat.	to help		Irland	Ireland
	hellblau	light blue		ist	is
das	Hemd (-en)	shirt		Italien	Italy
	*heraus*finden (stk.)	to find out			
der	Herr (-en)	gentleman		ja	yes; of course
	*herum*bringen (unreg.)	to take sth. round, to deliver sth.	die	Jacke (-n)	jacket
ich hatte	Herzklopfen	my heart was pounding	das	Jahr (-e)	year
	hier	here	das	Jahrhundert (-e)	century
sie	hieß	she was called	das	Japanisch	Japanese
der	Hilferuf (-e)	cry for help	die	Jeans (-)	pair of jeans
	*hinein*springen (stk.)	to jump in	die	Jeansjacke (-n)	denim jacket
	hinter + Dat./Akk.	behind		jeden Sonntag (usw.)	every Sunday
das	Hobby (-s)	hobby		jeden Tag	every day
	hoch	high		jetzt	now
der	Hochgenuß	special/real treat	das	Jiu-Jitsu	jiujitsu
das	Hochhaus (¨er)	high-rise building	der	Job (-s)	job
	*hoch*klappen	to fold up	das	Judo	judo
	hoffen	to hope	das	Jugendheim (-e)	youth centre
das	Höhenruder (-)	elevator (on an aeroplane)	die	Jugendherberge (-n)	youth hostel
	holte ... ab	picked sb./sth. up	der	Jugendklub (-s)	youth club
der	Honig	honey	der	Junge (-n)	boy
die	Horde	horde		jünger	younger
	hören	to hear, to listen to	die	jüngste	youngest (female)
die	Hose (-n)	pair of trousers			
das	Hotel (-s)	hotel	der	Kaffee	coffee
	hübsch	pretty	der	Kakao	chocolate milk, cocoa
der	Hund (-e)	dog		kam ... an	arrived
die	Hündin (-nen)	dog (bitch)	sich	kämmen	to comb one's hair
			der	Kampfsport	martial art
	ich bin ... geboren	I was born ...	der	Kanaltunnel	Channel Tunnel
	ideal	ideal	der	Kanarienvogel (¨)	canary
	ihr	you (pl.)	das	Kaninchen (-)	rabbit
	ihr, ihre	her; its; their	ich	kann mir viel mehr zutrauen	I know I am capable of much more
	im (= in dem)	in the	das	Kännchen (-)	small pot (holding enough for two cups)
	im Monat	per month			
die	Imbißstube (-n)	snack-bar	du	kannst	you can
	immer	always	die	Kantine (-n)	canteen, cafeteria

	Deutsch	Englisch		Deutsch	Englisch
die	Kanuregatta (-regatten)	canoeing competition	du	könntest	you could
das	Kapitel (-)	chapter	das	Konzert (-e)	concert
die	Kapuze (-n)	hood	die	Kopie (-n)	copy
das	Karate	karate		korrigieren	to correct
	kariert	checked		kosten (es kostet)	to cost
die	Kartoffelchips (Pl.)	crisps	der	Krach	crash; row
der	Kartoffelsalat	potato salad		Krach haben (unreg.)	to have a row/rows (with sb.)
der	Käse	cheese		(mit + Dat.)	
die	Kasse (-n)	till, cash-desk, check-out		kräftig	powerful(ly), strong(ly)
die	Kassette (-n)	cassette			(here: loudly)
die	Katze (-n)	cat	der	Kreis (-e)	circle
der	Kauf (¨e)	purchase, buying	das	Kreuz (-e)	cross
	kaufen	to buy		kriegen	to get
	kein(e)	no, not a	die	Küche (-n)	kitchen
	keins	none	der	Kuli (-s) (Umgs.)	biro, ball-point pen
gar	keins	none at all	sich	kümmern um + Akk.	to bother about sb./sth.,
der	Keks (-e)	biscuit			to take care of sb./sth.
der	Keller (-)	cellar, basement	die	Kunst	art
	kennen (unreg.)	to know		kurz	short(ly)
der	Kilometer (-)	kilometre	die	Kusine (-n)	cousin (female)
der	Kinderriegel (-)	kind of chocolate bar	die	Küste (-n)	coast
der	Kinderwagen (-)	pram			
das	Kino (-s)	cinema	der	Laden (¨)	shop
ins	Kino	to the cinema	das	Lammsteak (-s)	lamb steak
die	Kirche (-en)	church	die	Lampe (-n)	lamp, light
die	Klamotten (Pl.) (Umgs.)	clothes, gear	an	Land	on land
die	Klasse (-n)	class	das	Land (¨er)	land; country
	klasse	great, excellent		landen	to land
die	Klassenarbeit (-en)	test, examination	die	Landschaft (-en)	landscape; countryside
der	Klassenlehrer (-)	class/form teacher (male)		lang	long
die	Klassenlehrerin (-nen)	class/form teacher (female)	am	längsten	the longest
der	Klassenraum (¨e)	classroom		langweilig	boring
	klassisch	classical	die	Leadgitarre (-n)	lead guitar
	klassische Musik	classical music	das	Leben (kein Plural)	life
das	Klavier (-e)	piano	die	Leberwurst (¨e)	liver sausage
das	Kleid (-er)	dress	die	Lederjacke (-n)	leather jacket
die	Kleider (Pl.)	clothes	der	Lehrer (-)	teacher (male)
der	Kleiderschrank (¨e)	wardrobe	die	Lehrerin (-nen)	teacher (female)
die	Kleidung	clothing, clothes		leicht	easy; light (in weight)
	klingeln	to ring; to ring the doorbell	am	leichtesten	easiest
	klingen (stk.)	to sound		leiden (stk.)	to stand, bear
das	Knäckebrot (-)	crispbread		leider	unfortunately
	knapp	barely, just about		lernen	to learn, to study
	kochen	to cook		lesen (stk.)	to read
die	Kohle (-n)	coal		letzt-	last
die	Kokerei (-en)	coking-plant	die	Leute (Pl.)	people
		(where coke is produced)	die	Lieblingsband (-s)	favourite band/group
	kommen (stk.)	to come; to get (to swh.)	das	Lieblingsfach (¨er)	favourite subject
die	Kommode (-n)	chest of drawers	die	Lieblingsfarbe (-n)	favourite colour
es	kommt darauf an	it depends	der	Lieblingssänger (-)	favourite singer (male)
die	Konfitüre	jam	die	Lieblingssängerin (-nen)	favourite singer (female)
	können (unreg.)	to be able to, can	der	Lieblingssport	favourite sport
	könnte besser sein	could be better	am	liebsten	like ... most of all, (my) favourite ...

Deutsch		Englisch	Deutsch		Englisch
	liegen (stk.)	to lie, to be situated	das	Mineralwasser	mineral water
die	Linie (-n)	line	die	Minute (-n)	minute
	links	left, on the left		mir	to me, me
die	Liste (-n)	list		mit + Dat.	with
	logischerweise	logically enough		mit dem Bus	by bus
sich	lohnen	to be worth while		mit sechs Jahren	at the age of six
	*los*gehen (stk.)	to start, to start off		*mit*bringen (unreg.)	to bring something with one
das	Lotto	bingo	das	Mitglied (-er)	member
die	Luft	air	zu	Mittag essen (stk.)	to have lunch
die	Luisenschule	Luisenschule	der	Mittwoch (-e)	Wednesday
		(name of the 8b's school)		mittwochs	on Wednesdays
			die	Möbel (Pl.)	furniture
ich habe Lust auf + Akk.		I feel like sth.	ich	möchte	I would like
			du	möchtest	you would like
	m (= Meter)	metre	die	Mode (-n)	fashion
	machen	to do, to make	nach der Mode gehen (stk.)		to follow fashion
	machte ihm schon	was always fun for him	das	Modell (-e)	model
	immer Spaß			modern	modern, in fashion, fashionable
das	Mädchen (-)	girl		mögen (unreg.)	to like
die	Madonna	madonna (picture or statue		möglich	possible
		of the Virgin Mary)	der	Mohn (Sing.)	poppies/poppy seeds
der	Magenkrampf (¨e)	stomach cramp	im	Moment	at the moment
du	magst	you like	der	Monat (-e)	month
	-mal	times	der	Mond	moon
	mal wieder	again	der	Montag (-e)	Monday
	malen	to paint		montags	on Mondays
	man	one, people, 'you'	das	Müesli	muesli
	manchmal	sometimes	die	Münsterkirche (-en)	minster (cathedral in Essen)
	mangelhaft	defective, deficient	die	Münze (-n)	coin
die	Mannschaft (-en)	team	die	Musik	music
die	Mark (zwei Mark, usw.)	Mark		müssen (unreg.)	to have to, must
die	Markenbutter	quality butter	die	Mutter (¨)	mother
die	Marmelade	jam	die	Mutti (-s)	mum
die	Maschine (-n)	machine, aeroplane	die	Mütze (-n)	cap
die	Mathe (Umgs.)	maths	das	MwSt (= Mehrwertsteuer)	VAT
das	Mathebuch (¨er)	maths book			
die	Mathematik	mathematics		na	well
die	Mauer	wall		nach + Dat.	after; to (+ a place name)
das	Meer (-e)	sea	nach der Mode gehen (stk.)		to follow fashion
	mehr	more		nach der Schule	after school
	mein(e)	my		nach Hause gehen	to go home
	meinen	to think; to mean	der	Nachbar (-n)	neighbour (male)
die	Meinung (-en)	opinion	die	Nachbarin (-nen)	neighbour (female)
das	meiste	the most	die	Nachbarstadt (¨e)	neighbouring town/city
die	meisten	most of the ...; most people	es	*nach*machen + Dat.	to imitate sb.
	meistens	mostly	der	Nachname (-n)	surname
die	Meisterschaft (-en)	championship		*nach*schlagen (stk.)	to look sth. up
die	Menge (-n)	amount	das	Nachsitzen	detention
eine	Menge (Umgs.)	a lot		nächst-	next
der	Mensch (-en)	human being, person		nachts	in the night
der/das	Meter (-)	metre	in der	Nähe	nearby, in the vicinity
	mich (Akk.)	me	der	Name (-n)	name
die	Milch	milk		namens	by the name of
das	Milcheiweiß	milk protein			

	Deutsch	Englisch		Deutsch	Englisch
das	Naturkundemuseum	natural history museum	der	Park (-s)	park
	neben + Dat./Akk.	next to		Parken und Reisen	park and ride
	nee (Umgs.)	no	der	Partner (-)	partner (male)
	nein	no	die	Partnerarbeit	pair work
	nennen (unreg.)	to call, to name	die	Partnerin (-nen)	partner (female)
	nicht mehr	no longer, no more	die	Party (-s)	party
der	Nichtraucher (-)	non-smoker		passen	to fit
	nichts	nothing	die	Pause (-n)	pause, break
	nie	never	das	Perfekt	perfect tense
	nimmt ... an + Dat. ... teil	takes part in sth.	das	Perlhuhn (¨er)	guinea fowl
	noch	still, yet	die	Person (-en)	person
	noch mal	again, once again	der	Pfennig (zehn Pfennig, usw.)	Pfennig (hundredth of a Mark)
der	Nominativ	nominative	das	Pfund (zwei Pfund, usw.)	pound (money); 500 grams
der	Norden	north	die	Physik	physics
der	Nordosten	north-east	der	Pickel (-)	pimple, spot
	normal	normal	das	Pils (-)	Pils (type of beer)
	normalerweise	normally	das	Plakatmuseum	poster museum
die	Note (-n)	mark, grade, note	der	Plan (¨e)	plan
die	Nudel (-n)	noodle, pasta	das	Planetarium (Planetarien)	planetarium
die	Nummer (-n)	number	die	Platte (-n)	record
	nun	now	die	Plattenfirma (Plattenfirmen)	record company
	nur	only	der	Platz (¨e)	place; seat; square
	nur noch	only ... left	der	Plural	plural
			die	Politik	politics
der	Oberkriminalkommissar (-e)	superintendent in the plain-clothes police	das	Polohemd (-en)	sports shirt
	oder	or	die	Pommes (Pl.) (Umgs.)	chips, French fries
	oder?	isn't it? (etc.)	die	Pommes frites (Pl.)	chips, French fries
	offen	open	die	Popmusik	pop music
	oft	often	die	Post	post-office
	öfters	quite often	das	Poster (-)	poster
	ohne + Akk.	without	die	Postkarte (-n)	postcard
das	Ohrring (-e)	ear-ring	die	Präposition (-en)	preposition
	OK	OK		prasseln	to rain down
	Öko-	eco-, ecological	das	Präteritum	simple past tense, preterite
die	Ölmalerei	oil-painting	der	Preis (-e)	price; prize
	olympisch	Olympic		pro	per
die	Oma (-s)	grandma, granny	das	Problem (-e)	problem
der	Onkel (-)	uncle	der	Propeller (-)	propeller
der	Opa (-s)	granddad, grandpa	die	Prüfung (-en)	examination
das	Orchester (-)	orchestra	der	Pulli (-s) (Umgs.)	pullover, sweater, jumper
	ordnen	to sort, put in order	der	Pullover (-)	pullover, sweater, jumper
der	Ordner (-)	folder, file	ich	putze mir die Zähne	I clean my teeth
in	Ordnung	all right		putzen	to clean
	Ost	east			
der	Osten	east	der	Quark	soft curd cheese
	Österreich	Austria	die	Querflöte (-n)	flute
				radfahren (stk.) (ich fahre Rad)	to cycle
das	Paar (-e)	pair			
ein	paar	a few	der	Radfahrweg (-e)	cycle path
	packen	to pack	der	Radiergummi (-s)	rubber, eraser
die	Packung (-en)	packet	der	Radiosender (-)	radio station
der	Papierkorb (¨e)	waste-paper basket	der	Radsportverein (-e)	cycling-club

	Deutsch	Englisch		Deutsch	Englisch
der	Raider (-)	Twix (kind of chocolate bar)	der	Schilling (zwei Schilling, usw.)	Schilling (Austrian currency)
	rate mal!	(have a) guess	der	Schinken	ham
das	Rathaus (¨er)	city/town hall	das	Schlagzeug	drums, drum kit
die	Realschule (-n)	type of secondary school	die	Schlagzeugerin (-nen)	drummer (female)
	rechts	right, on the right	der	Schlafanzug	pyjamas
das	Regal (-e)	set of shelves		schlafen (stk.)	to sleep
die	Regatta (Regatten)	regatta	der	Schlafsack (¨e)	sleeping-bag
	regelmäßig	regular(ly)	das	Schlafzimmer (-)	bedroom
	reichen	to pass (things to people)		schlecht	bad(ly)
	reichst du mir bitte + Akk.?	will you please pass me ...?		schlechtest-	worst
das	Reihenhaus (¨er)	terraced house, town house	das	Schließfach (¨er)	left luggage locker
der	Reis	rice		schmeißen (stk.) (Umgs.)	to chuck
die	Reise (-n)	journey		schmecken	to taste (good)
das	Reiten	(horse-)riding	der	Schmutz	dirt, grime
	reiten (stk.)	to ride (horses)		schnell	quick(ly), fast
die	Religion (-en)	religion; religious education	die	Schnitte (-n)	sandwich
der	Rest	rest, remainder	die	Schokolade	chocolate
das	Restaurant (-s)	restaurant		schon	already
	richtig	right, correct, true		schön	beautiful, nice
	Richtung	in the direction of swh.		Schottland	Scotland
die	Richtung (-en)	direction	der	Schrank (¨e)	cupboard
	rief ... an	telephoned		schreiben (stk.)	to write
	riesig	enormous(ly)	das	Schreibgerät (-e)	writing implement
der	Ring (-e)	ring	der	Schreibhalter-Set	desk set
der	Rock (¨e)	skirt	der	Schreibtisch (-e)	desk
der	Rockmusikwettbewerb (-e)	rock music competition	der	Schuh (-e)	shoe
der	Rollkragenpullover (-)	polo-neck sweater	die	Schularbeiten (Pl.)	homework
	rot	red	die	Schulaufgaben (Pl.)	homework
das	Rückgeld	change	der	Schulbus (-se)	school bus
der	Rucksack (¨e)	rucksack	die	Schule (-n)	school
die	Ruderregatta (-regatten)	rowing competition	in die	Schule	to school
die	Ruine (-n)	ruin	in der	Schule	at school
	’rum (= herum)	around	zur	Schule	to school
das	Rumpsteak (-s)	rump steak	der	Schüler (-)	pupil (boy)
	rund	round	die	Schülerin (-nen)	pupil (girl)
	Rußland	Russia	das	Schuljahr (-e)	school year
			das	Schulsystem (-e)	school system
die	S-Bahn (-en)	city railway	der	Schultag (-e)	school day
die	Sache (-n)	thing	die	Schultasche (-n)	school-bag
	sachte	mild(ly), gentle, gently	die	Schuluniform (-en)	school uniform
der	Saft	(fruit) juice		schwach	weak
	sagen	to say		schwänzen (Umgs.)	to play truant, to skive
die	Salami	salami		schwarz	black
der	Salat (-e)	salad	das	Schweinesteak (-s)	pork steak
	sammeln	to collect	die	Schweiz	Switzerland
der	Samstag (-e)	Saturday		schwer	heavy; hard, difficult
	samstags	on Saturdays	die	Schwester (-n)	sister
der	Sänger (-)	singer (male)		schwierig	difficult
die	Sängerin (-nen)	singer (female)	am	schwierigsten	the most difficult
der	Satz (¨e)	sentence		schwimmen (stk.)	to swim
die	Schallplatte (-n)	record	der	See (-n)	lake
die	Scheibe (-n)	slice	der	Seehund (-e)	seal (animal)

Deutsch		Englisch	Deutsch		Englisch
die	Segelregatta (-regatten)	regatta (for sailing-boats)	der	Sportschuh (-e)	trainer
	sehen (stk.)	to see	das	Sportzentrum (Sportzentren)	sports centre
die	Sehenswürdigkeit (-en)	sight, tourist attraction		sprechen (stk.)	to speak
	sehr	very	der	Sprudel	fizzy mineral water
	sein (unreg.)	to be	die	Stadt (¨e)	town, city
das	Seitenruder (-)	rudder (on an aeroplane)	die	Stadtbibliothek (-en)	town/city library
	selten	seldom, rarely	der	Stadtplan (¨e)	street-map
die	Sendung (-en)	programme (TV, radio)	die	Stadtrundfahrt (-en)	sightseeing tour (of a town/city)
der	Senf	mustard	der	Stadtteil (-e)	district (of a town or city)
der	Sesam	sesame (seeds)	die	Stadtwerke (Pl.)	council department
der	Sessel (-)	armchair			running services
sich	setzen	to sit down		stammen aus + Dat.	to stem/date from (a time)
	sie	she, it		stand	stood
die	Siedlung (-en)	housing estate,		statt dessen	instead of that
		housing development		*statt*finden (stk.)	to take place
	siehe	see, refer to	der	Stausee (-n)	reservoir
die	Sinalco	a brand of cola		stehen (stk.)	to stand
	sind	are		steigen (stk.)	to climb; to get (into a vehicle)
die	Situation (-en)	situation	die	Stereoanlage (-n)	stereo
	sitzen (stk.)	to sit	der	Sternenhimmel	starry sky
	*sitzen*bleiben (stk.)	to repeat the school year		steuern	to steer
das	Skifahren	skiing	der	Stiefel (-)	boot
der	Snickers (-)	Snickers (kind of chocolate bar)	der	Stil	style
	so	so, like this, in this way		stimmen	to be right/correct
	so um + Uhrzeit	at about + a clock time		stören	to disturb
die	Socke (-n)	sock	die	Strafarbeit (-en)	extra work (set as a punishment)
	sofort	immediately	die	Strafe (-n)	punishment
die	Sohle (-n)	sole (of shoe)		Straßburg	Strasbourg
	sollte	ought to, should	die	Straße (-n)	street, road
die	Sommerferien (Pl.)	summer holidays	die	Straßenbahn (-en)	tram
	sondern	but	der	Streit	quarrel
der	Sonnabend (-e)	Saturday		Streit haben (unreg.)	to have a quarrel (with sb.)
	sonnabends	on Saturdays		(mit + Dat.)	
der	Sonntag (-e)	Sunday		streng	strict
	sonst	otherwise, else		stressig	stressful
	sonst noch etwas?	anything else?	der	Strumpf (¨e)	sock, stocking
die	Sowjetunion	Soviet Union	die	Strumpfhose (-n)	pair of tights
	Spanien	Spain	am	Stück	in a piece
das	Spanisch	Spanish (the language)	das	Stück (-e)	piece
	spanisch	Spanish	das	Stück (zwei Stück, usw.)	item
	sparen	to save (up)	das	Stückchen (-)	little bit
der	Spaß	fun	der	Stuhl (¨e)	chair
es hat	Spaß gemacht	it was fun	die	Stunde (-n)	lesson, period; hour
	spät	late	der	Stundenplan (¨e)	timetable
der	Spiegel (-)	mirror		stürmen	to storm
das	Spiegelei (-er)	fried egg	der	Stuten (-)	kind of sweet loaf
das	Spiel (-e)	game, match		suchen	to look for
der	Spielplatz (¨e)	playground	der	Süden	south
der	Spitzname (-n)	nickname		südlich	southern
der	Sport (Sportarten)	sport	der	Südwesten	south-west
	Sport treiben (stk.)	to do sport(s)	die	Summe (-n)	total
die	Sportanlage (-n)	sports ground		super	super, great
	sportlich	sporty	der	Supermarkt (¨e)	supermarket

	Deutsch	Englisch		Deutsch	Englisch
die	Süßigkeiten (Pl.)	sweets	das	Treffen (-)	meeting
	sympathisch	nice, likable		treffen (stk.)	to meet (sb.)
die	Synagoge (-n)	synagogue	sich	treffen (stk.)	to meet (each other)
				treiben	to drive, to propel
das	T-Shirt (-s)	T-shirt		trennbar	separable
die	Tabelle (-n)	table, chart	die	Treppe (-n)	staircase, stairs
die	Tafel (-n)	blackboard		trinken (stk.)	to drink
der	Tag (-e)	day	der	Trödelmarkt (¨e)	junk (second-hand) market
jeden	Tag	every day		tschüs!	bye!
der	Tageslichtprojektor (-en)	overhead projector		tun (stk.)	to do; to put
	täglich	daily	die	Tür (-en)	door
die	Tankstelle (-n)	petrol station		turnen	to do gymnastics
die	Tante (-n)	aunt	der	Turnschuh (-e)	trainer, sports shoe
die	Tanzlehrerin (-nen)	dancing-teacher (female)	die	Tüte (-n)	bag, packet
die	Tasche (-n)	bag, pocket			
das	Taschengeld	pocket-money	die	U-Bahn (-en)	underground (railway)
die	Tasse (-n)	cup	die	U-Bahn-Station (-en)	underground station
sie	taten	they did/acted		üben	to practise
die	Tatsache (-n)	fact		über + Akk.	about
die	Technik (-en)	technology; technique	die	Über- oder Unterführung	bridge or tunnel (for pedestrians)
der	Tee	tea		überall	everywhere
der	Teenager (-)	teenager	sie	übergingen	they passed over
	teilen	to share		überhaupt nicht	not at all
	teilgenommen	taken part		übernachten	to spend the night,
	*teil*nehmen an + Dat. (stk.)	to take part in sth.			to stay overnight
am	Telefon	on the telephone		übernachtete	spent the night, stayed overnight
das	Telefon (-e)	telephone		übrig	left over
zum	Telefonieren	to telephone with	die	Übung (-en)	exercise
	telefonieren (mit + Dat.)	to talk (to sb.) on the telephone		Uhr	o'clock
die	Telefonnummer (-n)	telephone number	die	Uhr (-en)	clock, watch
das	Teppichgeschäft (-e)	carpet shop	die	Uhrzeit (-en)	time of day, clock time
	testete	tested		um + Akk.	at + clock time; around
	teuer	dear, expensive		um es sachte zu sagen	to put it mildly
das	Theater (-)	theatre	die	Umfrage (-n)	survey, opinion poll
ins	Theater	to the theatre	sich	*um*sehen (stk.)	to look round
das	Thema (Themen)	subject, topic		*um*steigen (stk.)	to change (transport)
die	Tinte	ink		unbedingt	definitely
der	Tintenkiller (-)	ink-erasing pen		und	and
der	Tisch (-e)	table, desk		ungefähr	approximately
der	Tischständer	desk rack		ungefähr um + Uhrzeit	at about + clock time
der	Toast	toast		ungenügend	unsatisfactory, insufficient
das	Toastbrot	bread for toasting		unheimlich	(here) very
die	Toilette (-n)	toilet		unregelmäßig	irregular(ly)
die	Toilettenartikel (Pl.)	toiletries		unser, unsere	our
	toll	great, excellent	sich	unterhalten (stk.)	to chat
die	Tomatensuppe (-n)	tomato soup	die	Unterhose (-n)	(under)pants
	total	total(ly)		unternehmen (stk.)	to undertake, to do
der	Tourist (-en)	tourist	der	Unterricht (Sing.)	lessons, tuition
	tragen (stk.)	to wear; to carry		unterschiedlich	different, varying
der	Trainingsanzug (¨e)	track-suit		unwichtig	unimportant
die	Trainingszeit (-en)	training session			
	trampen	to hitchhike			
	traurig	sad			

	Deutsch	Englisch		Deutsch	Englisch
die	Vase (-n)	vase		was für ...?	what kind of ...?
der	Vater (ˉ)	father	das	Waschbecken (-)	wash-basin
der	Vati (-s)	dad	die	Wäsche	washing; underwear
das	Verb (-en)	verb		waschen (stk.)	to wash
	verbessern	to correct; to improve	sich	waschen (stk.)	to have a wash
die	Verbliste (-n)	verb list	das	Wasser	water
	verboten	forbidden, illegal	der	Wassersport	watersports
	verbringen	to spend (time)	der	Weg (-e)	way; path
	vergeblich	in vain		wegen der Schule	because of school
der	Verkehr	traffic; (bus/tram/train) service		weggehen (stk.)	to go out
	verkörpern	to embody		weil	because
	verlaufen (stk.)	to pass off, to go	der	Wein (-e)	wine
	verlief	went, passed off		weiß	white
	versalzen	over-salted, too salty	ich	weiß	I know
	verschieden	different, various	sie	weiß	she knows
das ist	verschieden	it varies		weit	far; baggy
	Verschiedenes	various things		weiter	further; baggier; quite baggy
	verstehen (stk.)	to understand		weitere	futher, additional
sich	verstehen (stk.) (mit + Dat.)	to get on well (with sb.)		welcher, welche, welches?	which?
	versuchen	to try	der	Weltkrieg (-e)	World War
	vervollständigen	to complete		wenig	little
das	Video (-s)	video		weniger (als)	less (than)
	viel	much, a lot		wenn	when, if
	viele	many		wenn ich etwas haben will	when I want something
das	Viertel (-)	quarter		wenn ich mir etwas	if/when I want to buy
die	Villa (Villen)	villa		kaufen will	myself something
	violett	purple, violet		wenn es sein muß	if it is really necessary
die	Violine (-n)	violin		wer?	who?
die	Volksmusik	German folk music		werden (stk.)	to become
	voll	full, total		wert	worth
der	Volleyball	volleyball		wesentlich	considerably
	vom (= von dem)	from/of the	der	Westen	west
	von + Dat.	of, from	der	Wettbewerb (-e)	competition
	von Beruf	by profession	das	Wetter	weather
	vor + Dat./Akk.	before; in front of		wichtig	important
der	Vorgarten (ˉ)	front garden		widerlegen	to disprove
der	Vorort (-e)	suburb		wie	as
				wie?	how?
	wachsen (stk.)	to grow		wie bitte?	pardon?
der	Waggon (-s)	carriage		wie ist es?	what is it like?
	während	during		wie meine Eltern drauf sind	what mood my parents are in
die	Wahrheit	truth		wie spät ist es?	what time is it?
der	Wanderer (-)	hiker		wie viele?	how many?
	wandern	to hike		wieder	again, back
der	Wandertag (-e)	class excursion (usually for hiking)		wiederholen	to repeat
der	Wanderweg (-e)	footpath		wieso?	why? how come?
	wann?	when?		wieviel Uhr ist es?	what time is it?
	war	was	das	Wildgehege (-)	game preserve
das	war's	that was it	das	Wildleder	suede
das	wär's	that's it/all		wir	we
	warm	warm; hot (food)		wird	becomes; gets
	warten (auf + Akk.)	to wait (for sth./sb.)		wirft	throws
	was?	what?		wirklich	really

Deutsch	Englisch		Deutsch	Englisch
	wo?	where?	das	Zeugnis (-se)	report
	wobei	although		ziemlich	fairly, quite, rather
die	Woche (-n)	week	das	Zimmer (-)	room
am	Wochenende	at the weekend		zirka	about, approximately
das	Wochenende (-n)	weekend		zu	too
der	Wochentag (-e)	day of the week		zu + Dat.	to; to (sb's) house
der	Wodka	vodka		zu dir	to your house
	woher?	where from?		zu Fuß	on foot
	woher kommt das?	where does that come from?		zu Hause	at home
	wohin?	where to?		zudem	in addition
	wohnen	to live		zufrieden	satsified, content
	wohnte	lived, used to live	der	Zug (¨e)	train
die	Wohnung (-en)	flat, apartment		*zu*hören + Dat.	to listen to sth./sb.
das	Wohnzimmer (-)	living-room		zum (= zu dem)	to the
	wollte + Inf.	wanted (to do sth.)		zum ersten Mal	for the first time
das	Wort (¨er/-e)	word		zum erstenmal	for the first time
die	Wurst (¨e)	sausage		*zu*machen	to close
	wußte	knew		zur (= zu der)	to the
				zurück	back
der	Zahn (¨e)	tooth		zurückhaltend	reserved
sich	zanken (mit + Dat.)	to quarrel (with sb.)		zusammen	together; in total
das	Zechenhaus (¨er)	coal-miner's house		*zu*trauen + Dat. + Akk.	to think sb. capable of sth.
die	Zeichensprache	sign-language		zuvorkommend	helpful, obliging
	zeichnen	to draw		zwar	admittedly
die	Zeit (-en)	time		zweit-	second
die	Zeitschrift (-en)	magazine		zwischen + Dat./Akk.	between
die	Zeitung (-en)	newspaper	der	Zwischenfall (¨e)	incident
	Zeitungen *aus*tragen (stk.)	to do a newspaper round			

Glossar: Englisch-Deutsch

Material in *italics* is there purely as an example, to show you how a phrase or structure is used in sentences.

Englisch	Deutsch	Englisch	Deutsch
a few	einige, ein paar	average	der Durchschnitt
a, an	ein, eine, usw.	on average	im Durchschnitt
able		awful	furchtbar
to be able to	können (unreg.)		
about	etwa, ungefähr, zirka; gegen + Uhrzeit	bad	schlecht
at about *three o'clock*	gegen *drei Uhr*, ungefähr um *drei Uhr*	badminton	das Badminton
absent		baggy	weit
she is absent	sie fehlt	ball-point pen	der Kugelschreiber (-),
I was absent	ich habe gefehlt		der Kuli (-s) (Umgs.)
aeroplane	das Flugzeug (-e)	band (music group)	die Band (-s)
afraid of …		basement	der Keller (-)
I am afraid of sth.	ich habe Angst vor + Dat.	basketball	der Basketball
I am afraid of *the exam*	ich habe Angst vor *der Prüfung*	bathroom	das Badezimmer (-), das Bad (¨er)
I am not afraid	ich habe keine Angst	be (situated)	liegen (stk.)
after	nach + Dat.	*Essen* is (situated) in *Germany*	*Essen* liegt in *Deutschland*
after school	nach der Schule	be	sein (unreg.)
again	noch mal, wieder	bearable	auszuhalten
alcohol	der Alkohol	it's bearable	es ist auszuhalten, es geht noch
all	alles (Sing.), alle (Pl.)	bed	das Bett (-en)
all kinds of things	alles mögliche	bedroom	das Schlafzimmer (-)
all right	in Ordnung, OK (Umgs.)	beer	das Bier
I'm *all right*	es geht mir *gut*	begin	beginnen (stk.)
almost	fast	behind	hinter + Dat./Akk.
also	auch	belong to sb.	gehören + Dat.
always	immer	*the house* belongs *to my granny*	*das Haus* gehört *meiner Oma*
apartment	die Wohnung (-en)	best	best-
approximately	ungefähr, zirka	*my best mark*	*meine beste Note*
April	der April	between	zwischen + Dat./Akk.
in April	im April	bicycle	das Fahrrad (¨er)
area	die Gegend (-en)	big	groß
armchair	der Sessel (-)	bike	das Rad (¨er)
art	die Kunst (¨e)	biology	die Biologie
as	als	biro	der Kuli (-s) (Umgs.)
as well	auch	birthday	der Geburtstag (-e)
at all	überhaupt, gar	my birthday is the *5 March*	ich habe am *5. März* Geburtstag
not at all	überhaupt/gar nicht	bit	ein bißchen
at	an + Dat., in + Dat.	bitch	die Hündin (-nen)
at home	zu Hause	black	schwarz
at school	in der Schule	blackboard	die Tafel (-n)
at *8.50*	um *8.50* Uhr/*acht Uhr fünfzig*	block (of flats/offices)	das Hochhaus (¨er)
at the moment	im Moment	blouse	die Bluse (-n)
at the seaside	am Meer	blue	blau
at the weekend	am Wochenende	book	das Buch (¨er)
attic	der Dachboden (¨)	boring	langweilig
August	der August	boy	der Junge (-n)
in August	im August	bread	das Brot (-e)
Austria	Österreich	a *slice of* bread	*eine Scheibe* Brot
		bread roll	das Brötchen (-)

Englisch	Deutsch	Englisch	Deutsch
break (between lessons)	die Pause (-n)	collect	sammeln
breakfast	das Frühstück	colour	die Farbe (-n)
have breakfast	frühstücken	what colour is *your bike?*	welche Farbe hat *dein Rad?*
I have breakfast *at seven*	ich frühstücke *um sieben*	colour	die Farbe (-n)
bring	bringen (unreg.)	comb one's hair	sich kämmen
bring sth. with one	*mit*bringen (unreg.)	I comb my hair	ich kämme mich
brother	der Bruder (¨)	come	kommen (stk.)
brothers and sisters	die Geschwister (Pl.)	computer	der Computer (-)
I have no brothers and sisters	ich habe keine Geschwister	I play on the computer	ich spiele am Computer
brown	braun	cook	kochen
bungalow	der Bungalow (-s)	correct	richtig
bus	der Bus (-se)	cost	kosten
by bus	mit dem Bus	was kostet das?	what does this/that cost?
but	aber	crispbread	das Knäckebrot
butter	die Butter	crisps	die Chips/Kartoffelchips (Pl.)
buy	kaufen	cup	die Tasse (-n)
bye	tschüs (Umgs.)	cup of *coffee*	eine Tasse *Kaffee*
		cupboard	der Schrank (¨e)
call (name)	nennen (unreg.)	cycle (verb)	*rad*fahren (stk.)
they call me…	man nennt mich …	cycling	das Radfahren
can	können (unreg.)	I like cycling	ich fahre gern Rad
canary	der Kanarienvogel (¨)		
canteen	die Kantine (-n)	dance	tanzen
carry	tragen (stk.)	day	der Tag (-e)
cassette	die Kassette (-n)	December	der Dezember
cat	die Katze (-n)	in December	im Dezember
CD	die CD (-s)	denim jacket	die Jeansjacke (-n)
cellar	der Keller (-)	desk	der Tisch (-e)
chair	der Stuhl (¨e)	detached house	das Einfamilienhaus (¨er)
cheese	der Käse	difficult	schwer, schwierig
soft curd cheese	der Quark	dinner (*see* lunch and supper)	
chemistry	die Chemie	dirty	dreckig
chest of drawers	die Kommode (-n)	district (area)	die Gegend (-en)
chips	die Pommes frites (Pl.),	district of a town	der Stadtteil (-e)
	die Pommes (Pl.) (Umgs.)	do	machen
chocolate	die Schokolade	do gymnastics	turnen
chocolate milk	der Kakao	do sport	Sport treiben (stk.)
church	die Kirche (-n)	I do (= study) *maths and English*	ich lerne *Mathe und Englisch*
city	die Stadt (¨e)	dog	der Hund (-e)
city centre	die Innenstadt (¨e)	door	die Tür (-en)
class	die Klasse (-n)	draw	zeichnen
classical music	die klassische Musik	dressed	
classroom	der Klassenraum (¨e)	get dressed	sich *an*ziehen (stk.)
clean	putzen	drink	trinken (stk.)
I clean my teeth	ich putze mir die Zähne		
cliff	der Felsen (-)	ear-ring	der Ohrring (-e)
clothes	die Kleidung	easy	leicht, einfach
clothing	die Kleidung	easiest	am leichtesten
club	der Verein (-e)	eat	essen (stk.)
cocoa	der Kakao	egg	das Ei (-er)
coffee	der Kaffee	eighty	achtzig
I have coffee	ich trinke Kaffee	end (come to an end)	enden
cola	die Cola	England	England

Englisch	Deutsch	Englisch	Deutsch
English (adj.)	englisch	fountain pen	der Füller (-)
I'm English	ich bin Engländer/Engländerin	France	Frankreich
English (language)	das Englisch	French (adj.)	französisch
English book	das Englischbuch (¨er)	French (language)	das Französisch
English person	der Engländer (-),	French book	das Französischbuch (¨er)
	die Engländerin (-nen)	Friday	der Freitag
enjoy your meal	guten Appetit	on Friday	am Freitag
eraser	der Radiergummi (-s)	on Fridays	freitags
every day	jeden Tag	friend (female)	die Freundin (-nen)
every *Monday*	jeden *Montag*	friend (male)	der Freund (-e)
everything	alles	friends (all female)	die Freundinnen (Pl.)
everywhere	überall	friends (male or mixed)	die Freunde (Pl.)
examination	die Prüfung (-en)	from	von + Dat., aus + name of place
exchange	der Austausch (-e)	ich komme aus *England*	I come from *England*
exchange partner (female)	die Austauschpartnerin (-nen)	from home	von zu Hause
exchange partner (male)	der Austauschpartner (-)	from … till …	von … bis …
exercise book	das Heft (-e)	from the *2 May* to the *4 June*	vom *2. Mai* bis zum *4. Juni*
		from time to time	ab und zu
factory	die Fabrik (-en)	furniture	die Möbel (Pl.)
fairly	ziemlich		
false	falsch	game	das Spiel (-)
familiar		games (school subject)	der Sport
I'm familiar with that	das kenne ich	garage	die Garage (-n)
family	die Familie (-n)	garden	der Garten (¨)
fashion	die Mode (-n)	geography	die Erdkunde
in fashion	modern	German (adjective)	deutsch
fashionable	modern	German (language)	das Deutsch
father	der Vater (¨)	in German	auf deutsch
favourite	Lieblings-	get	bekommen (stk.), kriegen (Umgs.)
my favourite *band/group*	meine Lieblings*band*	get dressed	sich *an*ziehen (stk.)
my favourite *subject*	mein Lieblings*fach*	get on well together	sich verstehen (stk.)
fear	die Angst	get on well with sb.	sich verstehen (stk.) mit + Dat.
February	der Februar	I get on well with *him*	ich verstehe mich gut mit *ihm*
in February	im Februar	get up	*auf*stehen (stk.)
fifty	fünfzig	girl	das Mädchen (-)
file (for paper)	der Ordner (-)	glass	das Glas (¨er)
find	finden (stk.)	a glass *of milk*	ein Glas *Milch*
first	erst-	go	gehen (stk.); fahren (stk.)
fish (noun)	der Fisch (-e)	I go on foot	ich gehe (zu Fuß)
fish (verb)	angeln	I go by bus	ich fahre mit dem Bus
fizzy mineral water	der Sprudel	go round the shops	durch die Geschäfte gehen (stk.)
flat	die Wohnung (-en)	go swimming	schwimmen gehen (stk.)
flute	die Querflöte (-n)	go to sleep	*ein*schlafen (stk.)
folder	der Ordner (-)	go to the cinema	ins Kino gehen (stk.)
food	das Essen (kein Pl.)	go to the disco / to discos	in die Disco gehen (stk.)
football	der Fußball	go out	*weg*gehen (stk.), *aus*gehen (stk.)
football club	der Fußballverein	I go out *in the evenings*	ich gehe *abends* weg/aus
for	für + Akk.	goldfish	der Goldfisch (-e)
for the first time	zum erstenmal, zum ersten Mal	good	gut
form	die Klasse (-n)	goodbye	auf Wiedersehen, tschüs (Umgs.)
form teacher (female)	die Klassenlehrerin (-nen)	grade	die Note (-n)
form teacher (male)	der Klassenlehrer (-)	granddad	der Opa (-s)
forty	vierzig	grandma/granny	die Oma (-s)

Englisch	Deutsch	Englisch	Deutsch
great	toll	ice-cream	das Eis (-)
green	grün	important	wichtig
grey	grau	in	in + Dat.
guest	der Gast (¨e)	in French	auf französisch
guitar	die Gitarre (-n)	in the afternoons	nachmittags
I play the guitar	ich spiele Gitarre	in the evenings	abends
		in fashion	modern
had	hatte	in the holidays	in den Ferien
ham	der Schinken (-)	in x Street	in der x-Straße
hamster	der Hamster (-)	in *1996*	*1996*
hard (difficult)	schwer	indoor pool	das Hallenbad (¨er)
hardly ever	fast nie	ink-erasing pen	der Tintenkiller (-)
has	hat	instrument	das Instrument (-e)
hate	hassen	interesting	interessant
have	haben (unreg.)		
have breakfast	frühstücken	jacket	die Jacke (-n)
have you any brothers or sisters?	hast du Geschwister?	jam	die Marmelade
have you got a nickname?	hast du einen Spitznamen?	January	der Januar
have you ever drunk alcohol?	hast du Alkohol getrunken?	in January	im Januar
he	er	job	der Job (-s)
hear	hören	journey	die Reise (-n)
height		July	der Juli
I am *one metre 65* in height	ich bin *ein Meter 65* groß	in July	im Juli
hello	guten Morgen/Tag/Abend;	jumper	der Pullover (-), der Pulli (-s) (Umgs.)
	hallo (Umgs.)	June	der Juni
help	helfen (stk.) + Dat.	in June	im Juni
helpful	zuvorkommend		
her	sie (Akk.), ihr (Dat.), ihr (Possessiv)	kilometre	der Kilometer (-)
here (coming here)	hierher	kitchen	die Küche (-n)
here	hier	know (be acquainted/familiar with sth./sb.)	kennen (unreg.)
here you are (when giving sth. to sb.)	bitte (schön)	know (information)	wissen (unreg.)
hi-fi (system)	die Stereoanlage (-n)		
high-rise building	das Hochhaus (¨er)	lake	der See (-n)
hike (verb)	wandern	lamp	die Lampe (-n)
history	die Geschichte	large	groß
hobby	das Hobby (-s)	laze around	faulenzen
hockey	das Hockey	learn	lernen
holidays	die Ferien (Pl.)	left (side)	link-
holiday money	das Feriengeld	on the left	links
home		lesson (period)	die Stunde (-n)
I am at home	ich bin zu Hause	lessons (i.e. instruction, tuition)	der Unterricht
I go home	ich gehe nach Hause	library	die Bibliothek (-en)
homework	die Hausaufgaben/Schulaufgaben (Pl.)	lie	liegen (stk.)
honey	der Honig	like	
hour	die Stunde (-n)	I like *swimming*	ich *schwimme* gern
house	das Haus (¨er)	I don't like *him*	ich mag *ihn* nicht, ich kann *ihn* nicht gut leiden
housing-estate	die Siedlung (-en)		
how?	wie?	I'd like sth.	ich möchte + Akk.
how many?	wie viele?	I'd like to do sth.	ich möchte (+ Inf. am Ende)
how much?	wieviel?	likeable	sympathisch
how do you spell it?	wie schreibt man das?	line	die Linie (-n)
how old are you?	wie alt bist du?	listen to sth.	hören
how was *your report?*	wie war *dein Zeugnis?*	I listen to *music*	ich höre *Musik*

Englisch	Deutsch	Englisch	Deutsch
little (not much)	wenig	my	mein, meine, usw.
a little	ein bißchen, ein wenig	my birthday is the *21st of May*	ich habe am *einunzwanzigsten Mai* Geburtstag
little (small)	klein		
live (inhabit swh.)	wohnen		
living-room	das Wohnzimmer (-)	name	der Name (-n)
loft	der Dachboden (¨)	what's your name?	wie heißt du?
long	lang	my name is …	ich heiße …
look forward to sth.	sich freuen auf + Akk.	narrow	eng
I'm looking forward *to the exchange*	ich freue mich *auf den Austausch*	near (swh.)	in der Nähe von + Dat.
		near *Hanover*	in der Nähe von *Hannover*
I'm looking forward *to it*	ich freue mich *darauf*	nearly	fast
look round, visit (a place)	besichtigen	need	brauchen
lot (a lot of)	viel (Sing.), viele (Pl.)	never	nie
lunch	das Mittagessen (-)	newspaper	die Zeitung (-en)
I have lunch *at one*	ich esse *um eins* zu Mittag	newspaper round (*see* paper round)	
		next to	neben + Dat./Akk.
magazine	die Zeitschrift (-en)	nice	nett
main railway station	der Hauptbahnhof (¨e)	nickname	der Spitzname (-n)
make (things using your hands)	basteln	I have a nickname	ich habe einen Spitznamen
make	machen	ninety	neunzig
many	viele	no	nein, nee (Umgs.)
March	der März	no, not a, not any	kein, keine, usw.
in March	im März	no brothers or sisters	keine Geschwister
Mark (German currency)	die Mark (-)	no longer, not any longer	nicht mehr
mark (grade)	die Note (-n)	noodle	die Nudel (-n)
mathematics	die Mathematik	normally	normalerweise
maths	die Mathe (Umgs.)	not	nicht
maths book	das Mathebuch (¨er)	not at all	überhaupt nicht, gar nicht
May	der Mai	nothing	nichts
in May	im Mai	nothing at all	überhaupt nichts
meal	das Essen (kein Pl.)	November	der November
metre	der/das Meter (-)	in November	im November
mildly		now	jetzt
to put it mildly	um es sachte zu sagen		
milk	die Milch	October	der Oktober
minute	die Minute (-n)	in October	im Oktober
mirror	der Spiegel (-)	of	von + Dat.
model	das Modell (-e)	often	oft, öfters
modern	modern	old	alt
Monday	der Montag	*14* years old	*14* Jahre alt
on Monday	am Montag	on	auf + Dat./Akk.
on Mondays	montags	on average	im Durchschnitt
money	das Geld	on *Kennedy* Square	am *Kennedy*-Platz
pocket-money	das Taschengeld	on television	im Fernsehen
month	der Monat (-e)	on Tuesday	am Dienstag
most	das meiste	on Tuesdays	dienstags
most difficult	am schwierigsten	once	einmal
mostly	meistens	once a week	einmal in der Woche
mother	die Mutter (¨)	one (in maths)	eins
much	viel	one (people in general)	man
not much	nicht viel, wenig	open	offen
muesli	das Müesli	or	oder
music	die Musik	or … as the case may be	beziehungsweise

Englisch	Deutsch	Englisch	Deutsch
ought to	sollte (+ Inf. am Ende)	pupil (female)	die Schülerin (-nen)
outdoor pool	das Freibad (¨er)	pupil (male)	der Schüler (-)
overhead projector	der Tageslichtprojektor (-en)	put sth. on	*an*ziehen (stk.)
paint	malen	quite	ziemlich, ganz
pair			
pair of jeans	die Jeans (-)	rabbit	das Kaninchen (-)
pair of trousers	die Hose (-n)	railway	die Eisenbahn (-en)
paper round		railway station	der Bahnhof (¨e)
I do a paper round	ich trage Zeitungen aus, ich bringe Zeitungen herum	rarely	selten
		RE	die Religion
parents	die Eltern (Pl.)	read	lesen (stk.)
park	der Park (-s)	record	die Schallplatte/Platte (-n)
pass (sth to sb.)	reichen	recorder	die Blockflöte (-n)
will you pass *me the milk*?	reichst du *mir die Milch*?	red	rot
pasta	die Nudeln (Pl.)	red wine	der Rotwein
pay (for sth.)	bezahlen (+ Akk.)	regular(ly)	regelmäßig
PE	der Sport	remainder	der Rest
pen		report (school)	das Zeugnis (-se)
fountain-pen	der Füller (-)	reserved	zurückhaltend
ball-point pen	der Kugelschreiber (-), der Kuli (-s) (Umgs.)	rest	der Rest
		rice	der Reis
pencil	der Bleistift (-e)	ride (horses)	reiten (stk.)
pencil case	die Federmappe (-n)	right (correct)	richtig
people	die Leute (Pl.)	right (side)	recht-
people *wear jeans nowadays*	man *trägt heute Jeans*	on the right	rechts
per	pro	road	die Straße (-n)
period (lesson)	die Stunde (-n)	rock (large)	der Felsen (-)
pet	das Haustier (-e)	roll (bread)	das Brötchen (-)
Pfennig	der Pfennig (-)	room	das Zimmer (-), der Raum (¨e)
photograph (noun)	das Foto (-s)	room of my, your, etc. own	ein eigenes Zimmer
photograph (verb)	fotografieren	route (bus route, etc.)	die Linie (-n)
physics	die Physik	rubber (eraser)	der Radiergummi (-s)
piano	das Klavier (-)		
picture	das Bild (-er)	salad	der Salat (-e)
piece	das Stück (-e)	sandwich	das Butterbrot (-e), die Schnitte (-n)
play	spielen	satisfied (with sth.)	zufrieden (mit + Dat.)
playground	der Spielplatz (¨e)	I was satisfied with *my report*	ich war mit *meinem Zeugnis* zufrieden
pleasant	angenehm	Saturday	der Samstag, der Sonnabend
please	bitte	on Saturday	am Samstag/Sonnabend
pocket-money	das Taschengeld	on Saturdays	samstags, sonnabends
pop group	die Band (-s)	save up (for sth.)	sparen (für + Akk.)
pop music	die Popmusik	I'm saving up for *a computer*	ich spare für *einen Computer*
post-office	die Post	say	sagen
poster	das Poster (-)	school	die Schule
potato salad	der Kartoffelsalat	at school	in der Schule
preferably	lieber	to school	in die Schule, zur Schule
problem	das Problem (-e)	school-bag	die Schultasche (-n)
I have problems with …	ich habe Probleme (mit + Dat.)	school uniform	die Schuluniform (-en)
I have problems with *school*	ich habe Probleme mit *der Schule*	sea	das Meer
pullover	der Pullover (-), der Pulli (-s) (Umgs.)	seaside	
		I go to the seaside	ich fahre ans Meer
		I am at the seaside	ich bin am Meer

Englisch	Deutsch	Englisch	Deutsch
see	sehen (stk.)	stocking	der Strumpf (¨e)
seldom	selten	straight on	geradeaus
semi-detached house	das Doppelhaus	street	die Straße (-n)
September	der September	street-map	der Stadtplan (¨e)
in September	im September	stress	der Streß
seventy	siebzig	stressful	stressig
she	sie	I find school stressful	Ich finde die Schule stressig
shelves	das Regal (-e)	strict	streng
shirt	das Hemd (-en)	stroll	bummeln
shoe	der Schuh (-e)	study (verb)	lernen
shop (noun)	der Laden (¨), das Geschäft (-e)	sturdy	fest
shop (verb)	*ein*kaufen	subject	das Fach (¨er)
shopping	das Einkaufen	favourite subject	das Lieblingsfach (¨er)
I go shopping	ich gehe einkaufen	suburb	der Vorort (-e)
should	sollte (+ Inf. am Ende)	Sunday	der Sonntag
shower	die Dusche (-n)	on Sunday	am Sonntag
have a shower	duschen	on Sundays	sonntags
I have a shower	ich dusche	supper (evening meal)	das Abendessen (-)
singer (female)	die Sängerin (-nen)	I have supper *at six o'clock*	ich esse *um sechs Uhr* zu Abend
singer (male)	der Sänger (-)	sweater	der Pullover (-), der Pulli (-s) (Umgs.)
sister	die Schwester (-n)	sweatshirt	das Sweatshirt (-s)
sit	sitzen (unreg.)	swim	schwimmen (stk.)
sixty	sechzig	swimming	das Schwimmen
ski	skifahren (stk.)	I go swimming	ich gehe schwimmen
sleep	schlafen (stk.)	swimming-pool	das Schwimmbad (¨er)
I go to sleep	ich schlafe ein	I go to the swimming-pool	ich gehe ins Schwimmbad
slice	die Scheibe (-n)	Switzerland	die Schweiz
slice of *bread*	ʹeine Scheibe *Brot*	to Switzerland	in die Schweiz
small	klein	in Switzerland	in der Schweiz
snack-bar	die Imbißstube (-n)		
sock	die Socke (-n), der Strumpf (¨e)	T-shirt	das T-Shirt (-s)
soft curd cheese	der Quark	table	der Tisch (-e)
solid	fest	table-tennis	das Tischtennis
some	einige (Pl.)	take	nehmen (stk.); bringen (unreg.)
something	etwas/was (Umgs.)	it takes me (I need) *an hour* to …	ich brauche *eine Stunde*, um … zu + Inf.
something (or other)	irgendetwas/irgendwas (Umgs.)		
sometimes	manchmal	take part in sth.	*teil*nehmen (stk.) an + Dat.
song	das Lied (-er)	I took part *in the exchange*	ich habe *am Austausch* teilgenommen
speak	sprechen (stk.)	tall building	das Hochhaus (¨er)
spend money (on sth.)	*aus*geben (stk.) Akk. (für + Akk.)	taste (verb)	schmecken
I spend *twenty marks* on *CDs*	ich gebe *zwanzig Mark* für *CDs* aus	this tastes *very good*	das schmeckt *sehr gut*
sport	der Sport (Sportarten)	tea	der Tee
I do sport	ich treibe Sport	I have tea (the drink)	ich trinke Tee
sports club	der Sportverein	team	die Mannschaft (-en)
sports ground	die Sportanlage (-n)	telephone (ring sb. up)	*an*rufen (stk.)
sporty	sportlich	telephone (talk on the phone)	telefonieren
square	der Platz (¨e)	telephone number	die Telefonnummer (-n)
staircase	die Treppe (-n)	television (set)	der Fernseher (-)
stairs	die Treppe (-n)	television (the medium, the programmes)	das Fernsehen
stamp (postage)	die Briefmarke (-n)		
station	der Bahnhof (¨e)	on television	im Fernsehen
main railway station	der Hauptbahnhof (¨e)	tennis	das Tennis
stereo	die Stereoanlage (-n)	terrible	furchtbar

Englisch	Deutsch	Englisch	Deutsch
thank you	danke	unimportant	unwichtig
thank you very much	vielen Dank, danke schön/sehr	usually	normalerweise
that	das		
that is … / this is …	das ist …	very	sehr
that is a …	das ist ein/eine/ein …	video (i.e. a recording)	das Video (-n)
that is the …	das ist der/die/das …	village	das Dorf (¨er)
that makes … altogether	das macht zusammen. …	violin	die Violine (-n)
theatre	das Theater (-)	volleyball	der Volleyball
I go to the theatre	ich gehe ins Theater		
them	sie (Akk.), ihnen (Dat.)	wake up	*auf*wachen
there (going there)	dorthin, dahin	wardrobe	der Kleiderschrank (¨e)
there	dort, da	wash-basin	das Waschbecken (-)
there is/are	es gibt + Akk.	waste-paper basket	der Papierkorb (¨e)
there is a …	es gibt einen/eine/ein …	watch television	*fern*sehen (stk.),
they	sie		Fernsehen gucken (Umgs.)
thing	das Ding (-e)	water	das Wasser
thirty	dreißig	fizzy water	der Sprudel
this year	dieses Jahr	we	wir
Thursday	der Donnerstag	wear	tragen (stk.), *an*haben (unreg.)
on Thursday	am Donnerstag	Wednesday	der Mittwoch
on Thursdays	donnerstags	on Wednesday	am Mittwoch
tight	eng	on Wednesdays	mittwochs
timetable	der Stundenplan (¨e)	week	die Woche (-n)
to	zu + Dat.; in + Akk.; nach *Essen*	weekend	das Wochenende (-n)
toast (noun)	der Toast	at the weekend	am Wochenende
today	heute	what	was
together	zusammen	what do you like doing in	was machst du gern(e) in deiner
toilet	die Toilette (-n)	your free time?	Freizeit?
too (also)	auch	what hobbies have you got?	was für Hobbys hast du?
too (excess)	zu	what is your telephone number?	wie ist deine Telefonnummer?
too much	zu viel	what year were you born?	in welchem Jahr bist du geboren?
tooth	der Zahn (¨e)	what's your name?	wie heißt du?
I clean my teeth	ich putze mir die Zähne	what's your surname?	wie heißt du mit Nachnamen?
town	die Stadt (¨e)	what kind of … ?	was für … ?
town hall	das Rathaus (¨er)	what … like?	wie?
train	der Zug (¨e)	what is it like living there?	wie ist es, da zu wohnen?
by train	mit dem Zug	when	wann?; wenn (+ Verb am Ende)
trainer	der Sportschuh (-e)	when is your birthday?	wann hast du Geburtstag?
training	das Training	when the weather is nice	wenn das Wetter schön ist
Tuesday	der Dienstag	where	wo
on Tuesday	am Dienstag	where do you sit in the class?	wo sitzt du in der Klasse?
on Tuesdays	dienstags	which	welcher/welche/welches (Sing.);
tuition	der Unterricht		welche? (Pl.)
TV (the medium, the programmes)	das Fernsehen	white	weiß
on TV	im Fernsehen	white wine	der Weißwein
TV set	der Fernseher (-)	who	wer
		who is that?	wer ist das?
underground (railway)	die U-Bahn	window	das Fenster (-)
underground station	die U-Bahn-Station (-en)	wine	der Wein
undertake	unternehmen (stk.)	with (at the same place/	bei + Dat.
undressed		house as sb.)	
to get undressed	sich *aus*ziehen (stk.)	with *my aunt* (i.e. at her house)	bei *meiner Tante*
uniform	die Uniform (-en)	with	mit + Dat.

Englisch	Deutsch	Englisch	Deutsch
with it	damit	year	das Jahr (-e)
without	ohne + Akk.	I am *14* years old	ich bin *14* Jahre alt
word	das Wort (¨er/-e)	yellow	gelb
what's the word for … ?	was heißt … ?	yes	ja
work	arbeiten	you	du (Sing.); ihr (Pl.); Sie (Herr/Frau)
worst	schlechtest-	your	dein; euer; Ihr
my worst mark	*meine schlechteste Note*		
worth	wert		
it's worth *two Marks*	das ist *zwei Mark* wert		
wrong	falsch		

29.50   D/7/2000